Les éditions du CRAM Montréal

L'ABC
de l'écrivain

Guide pratique d'écriture

Apprenez à écrire votre premier livre en vous amusant

Catalogage avant publication de
Bibliothèque et Archives Canada

Devaux, Nadège
L'ABC de l'écrivain : guide pratique d'écriture

Comprend des réf. bibliogr.
ISBN 2-922050-65-3

1. Art d'écrire. 2. Édition. I. Titre.

PN159.D48 2006 808'.02 C2006-940075-X

Les Éditions du Cram Inc.
1030, rue Cherrier, bureau 205
Montréal, Québec, Canada, H2L 1H9
Téléphone (514) 598-8547
Télécopie (514) 598-8788
www.editionscram.com

Dépôt légal - 1er trimestre 2006
Bibliothèque nationale du Québec
Bibliothèque nationale du Canada

ISBN 2-922050-65-3

Imprimé au Canada

Nadège Devaux

L'ABC de l'écrivain

Guide pratique d'écriture

Apprenez à écrire votre premier livre en vous amusant

Courrier électronique : n.devaux@videotron.ca
Site Internet : www.ndevaux.com

Révision et correction
Pierre Lavigne

Conception graphique et couverture
Alain Cournoyer (Camyo)

Typographie et mise en pages
Patrick Viens

Gouvernement du Québec -
Programme de crédit d'impôt pour l'édition de livres - Gestion SODEC.

Les Éditions du CRAM sont inscrites au programme
de subvention globale du Conseil des arts du Canada.

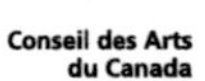

Distribution et diffusion

Pour le Québec:
Diffusion Prologue
1650 Lionel-Bertrand
Boisbriand (Québec)
J7H 1N7
Téléphone : (450) 434-0306
Télécopieur : (450) 434-2627

Pour la France:
D.G. Diffusion
Rue Max Planck B.P. 734
F-31683 Labege
Téléphone : 05.61.00.09.99
Télécopieur : 05.61.00.23.12

Pour la Suisse:
Diffusion Transat SA
Route des Jeunes, 4ter
Case postale 125
CH-1211 Genève 26
Téléphone : 022/342.77.40
Télécopieur : 022/343.46.46

Pour la Belgique:
Vander SA
Avenue des Volontaires 321
B-1150 Bruxelles
Téléphone : 032/2/761.12.12
Télécopieur : 032/2/761.12.13

Chapitre 1

INITIATION À L'ÉCRITURE

« *Un livre est une fenêtre par laquelle on s'évade.* »
JULIEN GREEN

L'écriture est aussi vieille que le monde et symbolise notre mémoire collective grâce aux empreintes des auteurs du passé et du présent, répertoriés dans les bibliothèques du monde entier. L'écriture témoigne aussi du besoin qu'a toujours éprouvé l'être humain de s'immortaliser en laissant une trace indélébile de son passage sur terre par ses pensées ou ses actes. Elle est le flambeau universel de la communication.

L'écriture est un feu ardent qui couve en vous. Vous ne la voyez pas parce qu'elle est présente dans votre vie au point de passer inaperçue. Pourtant, c'est elle qui vous permet d'exprimer vos émotions puisque vos mots se transforment en paroles. C'est grâce à l'écriture que les livres, le cinéma, la télévision, la radio et le théâtre existent. Il ne faut jamais oublier que ce sont les auteurs qui fournissent, dans l'ombre, les idées et la matière première. Savez-vous que l'écriture gouverne les hautes sphères de la politique grâce aux discours ? Ce qui prouve qu'elle peut être positive ou négative, selon l'usage que l'on en fait.

L'écriture est une activité libératrice, intrépide, avide de cascades, de cabrioles et de jongleries, passionnante, valorisante et reconnue depuis fort longtemps pour ses vertus *thérapeutiques* car elle *stimule* l'existence des gens qui l'utilisent. C'est une sorte de transe créative, un déclic, qui absorbe intensément l'énergie des *messagers* d'idées. Elle incite les écrivains à effectuer une *introspection révélatrice* qui leur donne l'envie de se surpasser en *cultivant* leur mémoire et leur imagination. L'écriture permet également de rendre hommage à la langue française, cette grande dame, cette lady, qui regorge d'un riche vocabulaire aussi coloré que varié, trop souvent oublié et ignoré.

Tout le monde peut écrire. L'écriture n'est pas un don. Elle n'a ni âge, ni sexe. Elle n'est pas non plus destinée à une élite bardée de diplômes, car elle se soucie peu du statut social et de la scolarité de chaque écrivain. Seuls l'amour des mots, la passion, le désir de s'exprimer et la patience comptent.

Vous désirez écrire un livre mais vous ne savez pas comment faire, ou bien vous avez déjà écrit quelques pages que vous avez laissées tomber, faute d'inspiration ? *L'ABC de l'écrivain* vous fournit tous les outils nécessaires à la création de votre premier livre, ainsi que des indices et des suggestions pour vous aider à *concrétiser* vos rêves d'écriture.

La rédaction possède un côté *imprévisible* que vous allez apprendre à apprivoiser pour mieux le maîtriser. Elle est comme une pierre précieuse qui sommeille en vous. C'est à vous de la tailler et de la polir, pour qu'elle fasse jaillir l'éclat qui sera le reflet de votre manuscrit.

Avec *L'ABC de l'écrivain*, vous allez effectuer vos premiers pas au cœur des mots et développer votre créativité en vous entraînant chaque jour. *Plus* vous écrirez, plus votre concentration et votre inspiration se renforciront au fil des jours. Puis, viendra le moment tant attendu : *la rédaction de votre premier livre.*

Comment développer votre talent de conteur et construire une histoire palpitante pour vos futurs lecteurs ? Comment trouver le sujet de votre livre ? Comment donner vie à vos personnages ? Comment créer des atmosphères et des décors ? Comment créer des dialogues crédibles ? Comment vous faire éditer ? *L'ABC de l'écrivain* répond à toutes ces questions, et bien plus, en vous fournissant une foule de conseils pour vous guider.

Vous allez suivre le même cheminement que les écrivains professionnels, et vous en êtes capable si vous êtes *persévérant*. Les meilleures attitudes à adopter sont de *croire en vous*, d'avoir de la *détermination*, de penser que tout est possible et d'être naturel, comme si vous écriviez des confidences à un ami, puisque votre manuscrit deviendra l'écho de votre âme, qu'il soit fictif ou non. Peut importe ce que vous écrirez et les erreurs que vous ferez. Le vrai défi sera de rendre votre livre *crédible* et *vivant*.

La recherche et le travail de votre *imagination* vous permettront d'atteindre votre but. *L'ABC de l'écrivain* vous apprendra à déterminer les *éléments importants* avec lesquels vous bâtirez l'univers de votre livre.

Vous laisserez toujours une empreinte unique de votre personnalité dans le choix de vos mots et votre façon de les exprimer. C'est ce que l'on nomme le *style*, qui différencie chaque écrivain, tout comme le caractère est propre à chaque être humain. Pour éviter de vous disperser, établissez un *emploi du temps* sérieux. Trouvez à quel moment de la journée vous êtes le plus créatif. En faisant les exercices d'écriture que je vous propose au chapitre 3 à différentes heures, vous découvrirez si vous êtes plus productif le matin, le midi, la journée, le soir ou la nuit. La clé de la réussite réside dans votre *constance* et votre *régularité*.

En vous imposant chaque jour cette gymnastique cérébrale, comparable à celle des sportifs de haut niveau, votre esprit s'habituera peu à peu à écrire de *plus en plus*, et de *mieux en mieux.* Pour ce faire, il faut évidemment que vous vous isoliez dans un endroit calme et confortable, où personne ne vous dérangera, une pièce de votre domicile où vous vous sentez bien. Si vous écrivez le jour, une douce musique de votre choix créera une ambiance propice à votre inspiration. Si vous écrivez le soir, en plus de la musique, les éclairages tamisés, les feux de cheminée et les bougies sont des compagnons qui incitent à la méditation, tout comme les aquariums.

Chaque saison a son charme. Les jardins, les forêts, les parcs, la campagne, la montagne, les lacs, les rivières et la mer sont évidemment des endroits de prédilection pour composer vos textes. Cependant, si vous vivez en appartement ou dans une chambre, vous pouvez puiser votre inspiration en accrochant au mur un poster, une photo ou un cadre qui vous fait vibrer.

J'ai un côté ermite lorsque j'écris. J'ai la chance d'avoir mon bureau, mon antre, mon refuge, mon jardin secret, où je m'enferme pendant des heures, car j'ai besoin de m'isoler pour réfléchir. Je n'ai pas toujours eu un bureau. J'ai écrit mon premier livre dans ma cuisine, sur un cahier, avec mon fils qui dormait dans mes bras.

C'est à chaque écrivain en herbe d'aménager son environnement pour qu'il devienne une oasis d'évasion et de création. Il n'est pas nécessaire de vivre dans un château ou un palace pour devenir un auteur célèbre. Jadis, de grands écrivains ont mis au monde de merveilleux livres dans une mansarde, avec pour seule compagnie la faim, le froid, la révolte, le silence et une chandelle. Ils sont la preuve que l'on peut s'exprimer avec ses tripes sans vivre dans l'opulence.

Ils confirment aussi que l'on peut écrire *empiriquement*, c'est-à-dire, d'une façon *autodidacte*, fondée sur nos propres *expériences*, sans *diplômes*, un peu comme l'école de la rue où l'on apprend la vie différemment. J'ai appris à écrire *de cette façon*, sans détenir un bac en littérature, sans avoir suivi un cours d'écriture, et sans avoir étudié quoi que ce soit. J'avais vraiment envie d'écrire des livres depuis ma plus tendre enfance.

J'ai appris à écrire des livres en *observant* et en *analysant* avec un regard *nouveau* tout ce qui m'entourait. J'ai fonctionné à l'instinct, en écoutant mon cœur et j'en suis fière. Grâce à cette discipline, je me répète chaque matin depuis des années : « Aujourd'hui et chaque jour qui passe, il faut que *j'apprenne* absolument quelque chose de *nouveau* et *d'intéressant*, quelque chose qui me fasse *cogiter* et *évoluer* dans mes textes. » Je n'ai jamais dérogé à cette règle depuis quinze ans.

Plus loin, le chapitre 16 est consacré au cheminement de quelques auteurs connus, et je vous y raconte également ma trajectoire. Vous réaliserez ainsi que d'autres écrivains avant vous ont expérimenté la crainte, le doute, les remises en question, l'autocritique, la peur d'être jugé, ainsi que l'angoisse de la panne d'inspiration.

Le matériel de l'écrivain :

- Un cahier ou un classeur à anneaux avec des feuilles mobiles
- Un stylo, un marqueur jaune et un crayon à mine
- Un carnet de notes qui ne *vous quittera pas*
- Un dictionnaire récent
- Un dictionnaire des synonymes
- Un ordinateur
- Une écritoire

On trouve de très belles écritoires ou coussins de lecture peu onéreux, réalisés par des artistes québécois (voir au chapitre 17).

L'ère de l'ordinateur a révolutionné avantageusement l'écriture en reléguant aux oubliettes les machines à écrire. Le succès fulgurant d'Internet prouve à quel point les gens aiment écrire et communiquer avec les mots. J'ai parfois l'impression d'être une extraterrestre lorsque je raconte que j'ai écrit à la main mes deux premiers livres, et que j'en ai tapé trois autres sur une machine à écrire qui était, à l'époque, le nec plus ultra.

J'utilisais du correcteur liquide, et souvent je devais recommencer des pages entières. Je considérais les ordinateurs comme des machines infernales que je ne comprenais pas. La première fois que j'en ai eu un avec un vrai traitement de texte, j'ai réalisé à quel point cette invention est géniale.

Certains écrivains préfèrent rédiger leur manuscrit à la main et saisir ensuite leur texte sur leur ordinateur, alors que d'autres tapent directement sur leur clavier. Les deux méthodes sont bonnes. À vous de choisir la vôtre. Par contre, si vous n'avez pas d'ordinateur et que vous désirez être publié, la plupart des éditeurs refuseront un texte écrit à la main ou dactylographié, et demanderont que vous leur fournissiez une disquette, ainsi qu'une copie imprimée de qualité de votre manuscrit.

Votre apprentissage journalier de l'écriture doit être un jeu excitant, amusant, et non pas une corvée ou une source d'irritabilité. Ne renoncez jamais à continuer devant une page blanche. Au contraire, lancez-vous un défi : celui d'aller jusqu'au bout de *L'ABC de l'écrivain* pour vous prouver que vous en êtes capable par votre *propre mérite*.

L'objectif de la leçon présente est de placer votre esprit dans un état de bien-être, de *motivation*, de réceptivité et d'émotivité, afin de tonifier votre *désir de réussir*. Que vous rédigiez un simple paragraphe, une page ou plus, l'essentiel est que vous preniez votre plume chaque jour pour vous *perfectionner* et *apprendre* à faire *caracoler* vos *idées*, vos mots et vos *phrases* pour les *assembler*.

L'ABC de l'écrivain vous enseignera comment débrider votre esprit et le faire travailler dans l'univers des mots. Vous serez gagnant en vous imposant cette *discipline* quotidienne, sans jamais faillir à votre parole. Vous vous prouverez ainsi que vous pouvez *matérialiser vos rêves* par votre force mentale. Vous ferez alors partie de la grande famille des écrivains qui ont réussi en cristallisant leurs visions sur des feuilles de papier.

Plus vous écrirez, *plus* vous comprendrez et *assimilerez* les rouages passionnants du monde de l'écriture. Au fil du temps, vous parviendrez à *traduire vos idées* en mots, puis à vêtir ceux-ci élégamment pour les mettre en *valeur* dans des phrases. Ensuite, vous pourrez vous lancer dans la *grande aventure*, le but de tout écrivain : enfanter *votre* livre en trempant journellement votre plume dans l'encre de vos émotions.

Rien n'est plus valorisant pour un auteur que de voir un jour son manuscrit transformé en un livre apprécié et publié par un éditeur, qui sera lu par des lecteurs. Si des professionnels aiment le résultat de votre croisade au cœur des mots, vous savourerez vous aussi cette *merveilleuse récompense*.

Écrire seul ou à deux ?

Seul, vous resterez votre propre maître et conserverez votre libre arbitre. Si vous écrivez un livre avec quelqu'un, assurez-vous d'avoir une complicité à toute épreuve et une harmonie parfaite avec cette personne, pour éviter de fâcheuses divergences d'opinions.

Devez-vous confier à votre entourage que vous écrivez votre premier livre ?

C'est un choix personnel. Je vous suggère d'analyser le pour et le contre, car vous pourriez recevoir des commentaires parfois maladroits ou irréfléchis qui pourraient vous blesser et vous démoraliser.

Le principal défaut de l'être humain est de juger parfois à travers son chapeau, sans chausser les souliers des autres. Choisissez une personne encourageante, évitez une personne critiqueuse. Seuls vos futurs éditeurs et des écrivains qui ont fait leurs preuves seront aptes à évaluer vos écrits, car c'est leur métier. Je fais rarement lire mes textes à des gens de mon entourage.

Je préfère avoir l'avis d'un éditeur. Et puis, je pense qu'une personne qui n'a jamais écrit de sa vie n'est pas en mesure de porter un jugement pertinent sur les premières tentatives courageuses d'un futur écrivain. Tout comme un critique de film ou de disque qui n'en a jamais réalisé un.

Initiation à l'écriture

Le métier d'écrivain est un des plus beaux au monde. Il est rempli de suspense et contribue à rejoindre des millions de lecteurs sur la planète. Ce partage épistolaire a traversé intact les siècles pour se rendre jusqu'à nous afin de nous *éduquer*, nous *émerveiller*, nous *surprendre*, et nous faire *réfléchir*, *vibrer*, *frissonner*, *sourire*, *sursauter* ou *pleurer*.

Un livre est un écrin d'émotions dans lequel chacun de nous peut se reconnaître à travers les *joies*, les *épreuves*, les *erreurs*, les *succès*, les *combats*, les *peines*, et les *dérapages humains* des personnages. Les lecteurs aiment s'identifier aux acteurs qui gravitent dans les livres, tout comme les spectateurs qui suivent le cheminement de leurs héros au cinéma ou à la télévision.

Il faut vous rappeler qu'à la source des mots, le livre, sous sa forme actuelle, a eu pour ancêtres des matières nobles comme le sable du désert, des collines crayeuses, des pierres gravées dans des cavernes et des grottes, des tablettes d'argile cuites, des rouleaux de papyrus et de toile, des écorces d'arbres, ainsi que des peaux d'animaux. De nos jours, un livre est issu d'une forêt respirant à travers ses pages, ce qui donne à chaque œuvre un parfum exceptionnel.

Souvenez-vous aussi que le métier d'écrivain est l'art de divertir des lecteurs en racontant un fait souvent *ordinaire* d'une façon *extraordinaire*, grâce à *l'imagination*, à la *psychologie* et à la *magie* des mots pour le rendre *passionnant*. Méditez sur cela, car il est important de conserver intactes votre *âme d'enfant* et votre faculté *d'émerveillement*, si vous désirez *réellement* devenir écrivain.

Un auteur respire par les mots qui sortent des pores de sa peau. Tour à tour, il les *ressent*, les *entend*, les *imagine*, les *écrit* et les *vit*. C'est pourquoi le métier d'écrivain est le métier de toutes les surprises.

Chapitre 2

Les différents modèles de langage

« *Pour devenir écrivain, il faut s'exercer à faire des tours de magie avec son esprit.* »
NADÈGE DEVAUX

Comment faire pour *communiquer efficacement* avec des gens ou des lecteurs ? Comment faire pour leur transmettre vos idées en découvrant leur façon de s'exprimer ? Chaque personne a sa propre *perception* de son environnement.

L'histoire de la vie d'un individu est unique. Le milieu dans lequel il a vécu et grandi a façonné sa vision de la réalité, et la plupart des informations accumulées depuis sa naissance sont rangées dans son cerveau. Selon leur bagage génétique, certaines personnes *voient* leur environnement, alors que d'autres l'*entendent* ou le *sentent*.

Cette différence d'interprétation génère souvent des réactions contradictoires à un même événement. Ce qui explique, par exemple, les récits *divergents* de témoins oculaires lors d'accidents de la route, ou sur la scène d'un crime. Chaque personne relatera sa version des *mêmes faits* avec des yeux *différents*. Un peu comme les divorces !

Les incompatibilités de caractère sont directement liées aux trois modèles de langage, puisque ceux-ci produisent des dialogues d'aveugles, de sourds et de sourds-muets. Quant aux affinités, elles sont le contraire, et attestent que la communication peut être harmonieuse lorsque des personnes parviennent à découvrir leur mode d'emploi respectif. C'est pour cela qu'au cours de votre vie, vous croisez des gens que vous appréciez, et d'autres moins.

C'est à vous de déterminer si vous pensez avec des *images*, des *sons* ou des *sensations*. Apprendre ces trois modèles de langage vous sera utile pour mieux vous faire *comprendre* par vos futurs lecteurs. Bien sûr, chaque être humain peut être un *mélange* des trois clés, mais l'un des trois modèles sera plus marquant dans la personnalité de chaque individu. C'est ce qui *détermine* sa façon d'être et de communiquer avec les autres.

Savez-vous que ces techniques destinées à améliorer la qualité des échanges sont étudiées par certains policiers, psychologues, politiciens et employés de grandes sociétés ? Cet enseignement leur permet de devenir plus patients et empathiques envers leurs interlocuteurs, en évitant des jugements trop rapides ou des confrontations stériles.

Ces outils sont précieux parce qu'ils permettent aussi de devenir meilleur et de s'ouvrir aux autres dans une autre dimension. Le discours d'une personne est riche en *informations* sur la manière dont elle construit son expérience du monde. En connaissant les mots clés et les expressions employés par d'autres personnes, vous pourrez communiquer avec elles avec plus de *facilité*, en employant leur propre langage. Il n'y a rien de sorcier, c'est de la *logique* pour vous apprendre à devenir *observateur* de tout ce que vous *voyez*, *entendez*, et *ressentez*.

Il y a souvent trois sortes de livres, correspondant à ces trois modèles d'expression, qui s'adressent aux *visuels*, aux *auditifs* et aux *sensitifs*. C'est ainsi que certains romans plaisent à une certaine catégorie de lecteurs. L'équilibre nécessaire à l'écriture est de comprendre ces trois clés et de les intégrer dans vos textes afin de rejoindre un vaste lectorat. Un zeste de psychologie ne peut qu'aider un écrivain dans son évolution professionnelle et personnelle. Un défi idéaliste serait que tout le monde fasse des efforts pour s'apprécier mutuellement, mais cela ne fait malheureusement pas partie du code génétique de la race humaine.

Un visuel ne peut *entendre* ce qu'il *voit*. Un auditif ne peut *voir* ce qu'il *entend*, et un sensitif ne peut *voir* ou *entendre* ce qu'il *ressent*.

EXEMPLES :

Si un visuel demande à un auditif : « Tu vois ce que je veux dire ? », il ne comprendra pas.

Si un auditif demande à un visuel : « Tu écoutes ce que je dis ? », il ne comprendra pas.

Si un *sensitif* *demande à un* *visuel* *et à un* *auditif* : « Vous comprenez ce que je veux dire ? », ils ne comprendront pas.

Si vous *contactez* une personne dans son *modèle de langage*, vous constaterez que la *communication* s'effectue *naturellement*.

Une personne *visuelle* va dire « C'est clair », quand elle voit en images ce que vous lui dites.

Une personne *auditive* va dire « Je me dis que, ça me parle », quand elle entend ce que vous lui dites.

Une personne *sensitive* va dire « Je sens que » quand elle comprend ce que vous lui dites.

Les mots clés du langage visuel :

Voir, regarder, montrer, admirer, décrire, visualiser.
(les détails, les formes, les couleurs, les mouvements.)

Les mots clés du langage auditif :

Entendre, parler, dire, écouter, questionner, dialoguer.
(les sons, les bruits.)

Les mots clés du langage sensitif :

Toucher, penser, sentir, comprendre, ressentir, éprouver.
(la sensibilité en général.)

Exemple de modèle visuel[1]

« Max était subjugué par la grande beauté du loup. Son allure générale rappelait celle des huskies, ces chiens de traîneau si robustes, ainsi que celle des

1 Note de l'éditeur : après chaque citation, mention est faite de l'ouvrage dont elle est tirée. Pour la mention complète, se référer à la bibliographie en fin de volume.

bergers allemands qu'il avait si longtemps affectionnés. Mais l'animal était beaucoup plus massif et musclé que ses cousins canins. Son pelage épais et blanc était saupoudré de poils argentés et sa queue formait un splendide panache. Deux taches gris foncé bien réparties encerclaient ses yeux dorés, contrastant avec le poil neigeux du front. C'était un loup arctique. Un vrai. Pas une de ces caricatures efflanquées, asservies, que l'on retrouve dans les zoos et qui ressemblent à des zombies désenchantés. »

Amarok, l'esprit des loups

Exemple de modèle visuel

« Au prix d'un gros effort, je rampe comme une limace jusqu'à l'entrée de notre tente. Ce que j'aperçois me réveille immédiatement. Mais qu'est-ce que c'est que ça ? Il y a des fesses partout dans le ruisseau. Pas des fesses d'animaux, des fesses humaines. Elles sont de toutes les tailles, de tous les sexes et de tous les âges. Est-ce que la pleine lune nous a propulsés sur une autre planète ? On dirait des *aliens*. C'est incroyable, j'ai toujours pensé que les extraterrestres étaient verts, avec des antennes. Jamais je n'aurais pu m'imaginer qu'ils ressemblaient à des humains et que leurs femmes avaient d'aussi jolies croupes. Sans parler de leurs seins. Je réalise alors que ce sont des nudistes. »

S.O.S. générations

Exemple de modèle visuel et auditif

« Toute la garnison s'installa sur les remparts du fort afin d'observer au loin le grand conseil de guerre que tenait Pied de Corbeau. Le spectacle avait quelque chose d'irréel. Au cœur de la nuit, on entendit le roulement des tambours et le chant des danses de guerre. Des milliers de points lumineux, reflets de torches, se mouvaient dans l'obscurité. Plus tard, on entendit des hurlements rauques, des cris stridents qui déchirèrent la nuit. »

Le crépuscule des braves

Exemple de modèle auditif et visuel

« La tempête de sable continuait de plus belle et le souffle violent du vent résonnait dans les dunes comme un écho sifflant. Le vent du désert est redoutable car par sa force herculéenne, il change constamment les paysages. Ils écoutèrent leur bon sens et bivouaquèrent afin de ne pas braver inutilement les éléments déchaînés. Ils se protégèrent les oreilles avec leurs foulards pour ne plus entendre le vacarme assourdissant qui s'était emparé du Sahara et qui disparut à l'aube. Le lendemain, le soleil était au rendez-vous et ils franchirent la frontière qui séparait l'Algérie du Niger. Le Sahara était majestueux. N'était-il pas avant tout un désert minéral où la roche et le sable, unis ou broyés, composent le panorama ? »

Sur la piste des Touareg

Exemple de modèle sensitif

« Je recherche le Grand Amour, celui qui est unique et que l'on ne croise qu'une fois dans notre existence. Comment se fait-il que personne n'ait trouvé une définition de l'amour à une époque où nous marchons sur la lune ? L'amour, c'est aimer l'autre autant que l'on s'aime, c'est faire attention à l'autre, c'est être capable de vivre à deux malgré les différences. L'amour, c'est une multitude de petits détails importants qu'il faut prendre le soin d'observer journellement pour mieux les partager. »

Cauchemar d'amour

Exemple de modèle sensitif

« J'ai effacé tous les souvenirs qui auraient pu me rappeler la petite, sauf un, un dessin qu'elle m'avait offert en me faisant un gros bisou. J'espère qu'elle aura une bonne vie et qu'elle ne deviendra pas une cybergarce comme sa mère. Je crois que mon cochon d'Inde regrette lui aussi son petit bourreau en jupon parce que les derniers temps elle s'était fait pardonner en lui tendant des feuilles de salade, ce qui correspond pour lui à du caviar. Finalement, j'ai craqué et j'ai pleuré car j'ai réalisé que je tenais plus à la petite puce qu'à sa mère. »

Cyberdrague

Avec ces nouvelles découvertes destinées à entrer en contact avec les autres, amusez-vous à *observer* la façon dont s'exprime votre entourage : famille, amis, collègues de travail, voisins, et même inconnus (serveurs de restaurant, vendeurs dans les magasins, etc.) Rien n'est plus passionnant et enrichissant que d'observer le comportement humain !

Il est prouvé par des scientifiques que notre cerveau est divisé en deux parties distinctes : l'hémisphère gauche et l'hémisphère droit. La partie gauche symbolise la *logique*, la *raison*, le *rationnel*, alors que le côté droit représente les *émotions*, les pensées *inconscientes* et la *fantaisie*. Je vous suggère une lecture au chapitre 17.

Chapitre 3

Vos exercices quotidiens d'écriture

« *Il faut que l'idée naisse de la vision comme l'étincelle du caillou.* »
CHARLES FERDINAND RAMUZ

On peut comparer les exercices d'écriture à l'échauffement nécessaire aux sportifs. Je vous conseille d'essayer tour à tour les exercices mentionnés durant plusieurs semaines, selon votre rythme, en ordre ou en désordre, afin *d'aiguiser* votre sens de *l'initiative*, du *questionnement*, et de *l'observation*. Ils ouvriront peu à peu les portes de votre imaginaire et contribueront à votre *réussite*.

Ne vous en faites pas, si vous hésitez et que vous éprouvez le fameux syndrome de la page blanche, l'angoisse de tous les écrivains. Gardez intacts votre optimiste galopant et votre plaisir d'écrire, en chassant les pensées négatives du genre « Je n'y arriverai pas », « Je ne suis pas capable », « C'est trop difficile ».

Au contraire, conditionnez-vous à avoir un moral d'acier en vous répétant plusieurs fois par jour : « J'ai *décidé* d'écrire mon premier livre et *j'irai jusqu'au bout* parce que *je crois en moi.* » *Foncez* sans peur et noircissez votre page blanche de mots, même si vos phrases vous semblent incohérentes. Laissez aller *librement* votre plume en écrivant tout ce qui vous passe par la tête. Peu à peu, vos idées *jailliront* et il vous suffira de les remettre ensuite en *ordre*.

Composez des phrases courtes, simples et directes. Vous apprendrez plus loin comment les *imager*, les *allonger*, avec plus de *détails* et éviter les répétitions. N'hésitez pas à changer vos mots, à les varier, et à *reformuler* vos phrases. Une des clés du succès est de *recommencer* vos exercices jusqu'à ce que vous soyez satisfait du résultat. Et si ce n'est pas le cas, ne jetez surtout pas vos feuilles et ne laissez pas l'irritation et l'impuissance vous envahir négativement. Prenez cela en riant de vous-même et en *relativisant*. Faites une autre activité pour calmer vos tensions, et reprenez vos textes plus tard ou le lendemain.

Suivre *L'ABC de l'écrivain* doit être un plaisir et non pas une corvée. Abordez joyeusement vos exercices comme des capsules d'énergie solaire, des doses vivifiantes de vitamines et des puzzles à résoudre d'une façon divertissante.

Le fil conducteur de vos textes doit être *logique*. Concentrez-vous sur le sujet que vous désirez développer sans brouiller vos idées en sautant du coq à l'âne. Exprimez-vous *spontanément*, avec simplicité, avec votre *cœur*, en évitant l'emphase et les grands mots. Les lecteurs n'aiment pas consulter un dictionnaire pour chercher la signification de mots trop savants. Aérez votre texte en *paragraphes* pour que la lecture soit plus agréable.

Vous pouvez également donner un titre à votre texte, si cela vous facilite la tâche, mais il est facultatif puisqu'il ne s'agit que *d'exercices* pour le moment. Si le titre est long à venir, laissez-le de côté et passez directement à la rédaction de l'exercice de votre choix. Soyez précis dans vos écrits en vous posant les questions de base : *Où, quand, comment et pourquoi* ? Ce souci de *clarté* est destiné à faire comprendre la progression de vos écrits.

Ces exercices vous guideront également vers la discipline littéraire qui vous conviendra le mieux, tout en vous familiarisant avec la rédaction de votre futur livre. Raconter en une ou deux pages une histoire vous *servira* lorsque vous devrez rédiger un livre de 100 pages et plus. N'oubliez pas que la plupart des écrivains s'exercent, eux aussi, en dehors de la rédaction de leurs livres, pour conserver leur *vivacité* créatrice et leur *rapidité* à analyser des situations. Voyez ces exercices comme des recettes de cuisine que vous essayez pour la première fois.

Si les ingrédients sont mal mélangés, il vous faudra simplement récidiver jusqu'à ce que votre recette puisse figurer sur le menu d'un bon restaurant. Il n'y a rien de tragique à se tromper pour mieux *apprendre* avec *humilité*. On ne s'improvise pas écrivain, on le devient en travaillant fort pour être digne et fier de cette récompense que l'on obtient par soi-même. *Ayez foi en vous*, et vous serez agréablement surpris par le résultat de vos efforts.

Le chemin le plus direct pour vous familiariser avec l'écriture, c'est d'être le plus *naturel* possible, et de vous exprimer avec votre âme, sans peur d'être jugé par des regards qui peuvent sembler indiscrets, mais qui en réalité ne le sont pas.

L'écriture n'est pas un tribunal, elle est une fervente adepte de la *liberté d'expression*, car elle n'a ni dieu, ni maître. Elle est libre de ses pensées. C'est pour cela qu'elle est *accessible à tous*. En écriture, rien n'est ridicule. Soyez donc bien à l'aise pour vous exprimer. *Osez* et *foncez* en vous laissant aller sans œillères, sans barrières et sans frontières. Cela vaut la peine que vous preniez le temps de vous exercer. Imaginez que vous vous trouvez dans un gymnase cérébral où vos neurones s'escriment avec des pensées et des mots. Ces exercices sont *essentiels*, ne les sautez pas. Appliquez-vous à *réfléchir* et à les faire sincèrement.

Faites travailler votre esprit en vous amusant, *secouez-vous* en étant *curieux* et en vous posant toujours des questions, même les plus invraisemblables, les plus folles. Utilisez les plans de travail du chapitre 4. Ces plans seront en quelque sorte le *résumé de vos idées*, pour les empêcher de s'envoler. Une fois que chaque sujet sera traduit avec des mots clés, vous pourrez élaborer vos textes avec des phrases.

Il ne suffit pas de réciter un texte, il faut également le *personnaliser* et l'habiller pour le rendre intéressant. Vous pouvez vous contenter de raconter le sujet de chaque exercice, mais essayez aussi d'ajouter des *anecdotes*, des *descriptions*, des *détails* et de *l'originalité.*

ÉVITEZ LES PLÉONASMES, QUI SONT DES RÉPÉTITIONS DE MOTS DONT LE SENS EST IDENTIQUE :

- Je l'ai vu de mes propres yeux
- J'applaudis des deux mains
- Sortir dehors
- Monter en haut
- Descendre en bas
- Une averse de pluie
- Claquer bruyamment la porte
- Construire une maison neuve

- S'esclaffer de rire
- Se lever debout
- Marcher à pied
- Il pleut dehors
- Collaborer ensemble
- Car en effet
- Un hasard imprévu
- Joindre ensemble
- Continuer encore
- Ajouter en plus

EXEMPLES D'EXERCICES À FAIRE CHAQUE JOUR :

- Décrivez la personnalité de vos parents ou enfants
- Parlez d'un personnage historique que vous admirez
- Dialoguez avec un personnage fictif de votre choix
- Décrivez une personnalité que vous auriez aimé être
- Écrivez une lettre pour rendre hommage à un disparu
- Racontez un film que vous aimez particulièrement
- Décrivez une situation cocasse qui vous est arrivée
- Racontez un événement important de votre vie
- Décrivez un endroit où vous aimeriez vivre
- Commentez une émission que vous appréciez
- Décrivez votre animal si vous en avez un
- Racontez une partie de votre enfance
- Racontez votre premier emploi
- Racontez un de vos voyages
- Décrivez un de vos rêves

Exercez-vous aussi à *prendre des notes* sur votre carnet ou en les *enregistrant* avec votre magnétophone de poche, à n'importe quel moment de la journée.

Les idées sont aussi *furtives* que les rêves : curieusement, souvent, si on ne les note pas, si on ne les mémorise pas, on les *perd* et on ne s'en *souvient plus*, car elles s'envolent avec la légèreté des papillons. Elles sont un état de grâce qui ne dure qu'un instant. Il est donc impératif de prendre l'habitude de les *consigner*, si possible, quels que soient les sons, les images et les mots qui vous viennent à l'esprit. J'ai toujours un carnet et un stylo dans ma table de nuit ainsi que dans mon sac à main, car les idées n'ont pas d'heure pour se matérialiser. Imaginez votre calepin comme un panier en osier dans lequel vous déposez délicatement la cueillette de vos idées, à chaque fois que celles-ci viennent vous visiter.

Voici trois exercices pour déterminer si vous préférez écrire au « je » ou au « il, elle ». Vous trouverez la solution de ces exercices au chapitre 18.

Modifiez cet extrait en employant le « je » :

« Le loup se détacha de l'homme et se dirigea lentement vers les corps sans vie de ses congénères. Il s'assit devant la dépouille de sa louve et se mit à hurler, le museau pointant vers le ciel. Son cri était un gémissement interminable et déchirant. Plus de vingt-cinq ans après la guerre du Vietnam, Max vivait un second cauchemar. Il avait enfoui au plus profond de son âme le souvenir de ses deux compagnons empalés devant ses yeux dans un piège tendu par les Viêt-cong. Il avait été le seul survivant, et jamais il n'avait pu extérioriser la souffrance qu'il avait dû supporter. Max rejoignit Oumiak et s'agenouilla près de lui. Côte à côte, l'homme et le loup se mirent à hurler pendant des heures, unis par la même douleur pour l'éternité, et leurs cris de révolte s'élevèrent jusqu'aux étoiles. »

Amarok, l'esprit des loups

Modifiez cet extrait en employant le « elle » :

« Ces jeunes gens bien élevés sont d'une délicatesse inouïe. Ils sont un exemple pour la société. À leurs mimiques explicites, je comprends qu'ils veulent me serrer la main en gage d'amitié. Profondément bouleversée par tant d'amabilité, je baisse ma vitre pour les remercier chaleureusement, puis je glisse spontanément des bonbons à la menthe dans leurs mains tendues. Je lis de la stupeur dans leurs yeux. Je m'en rends compte et, déçue, je leur demande : Vous préférez les caramels? Ils n'ont pas le temps de répondre. Le feu vient de passer au vert et nous devons impérativement redémarrer. Dans le rétroviseur, à ma grande surprise, je m'aperçois avec attendrissement qu'ils nous font d'émouvants gestes d'adieu en brandissant avec insistance le majeur de leur main droite vers le ciel. »

S.O.S. générations

MODIFIEZ CET EXTRAIT EN EMPLOYANT LE « IL » :

« J'adore mon fils mais, avec Améthyste, je m'évade et j'expérimente à ma grande surprise la responsabilité d'avoir une sorte de fille virtuelle. Dans un sens, cette jeune inconnue me réunifie avec la vie, et mes sentiments envers elle ne sont que strictement paternels. Ce surprenant mélange d'ange et de démon est parvenu à m'émouvoir, moi, le dur à cuire, parce que je comprends sa descente aux enfers. Dans l'ombre, je veille sur Améthyste, bien que je sache que je lui tape souvent sur les nerfs avec mes conseils de vieux con qui radote. »

Cyberdrague

DANS CET EXTRAIT, TROUVEZ LES 11 MOTS OU EXPRESSIONS QUI ÉVOQUENT LA MER ET UNE DESTINATION EXOTIQUE :

« Je choisis une tenue printanière et un grand chapeau de paille afin de charmer mon beau loup de mer. Je m'imagine déjà, cheveux au vent, dans les bras de mon bien-aimé qui m'enlèvera sur son majestueux voilier. Il m'emmènera sur une île lointaine où il m'aimera passionnément. Là, mon beau Tarzan bombera son torse velu et construira la hutte en bambou qui abritera notre amour. Pendant ce temps, revêtue d'un pagne, les seins à l'air, accompagnée de mon léopard apprivoisé, j'irai cueillir des ananas. Ensuite, mon beau Robinson pêchera du poisson dans le lagon. »

Cauchemar d'amour

Modifiez les phrases suivantes avec des mots plus recherchés :

- Linda eut très peur.
- Le bandit se précipita sur la vieille femme.
- Il lui dit qu'il l'aimait.
- Chloé énervait beaucoup Luc.
- Le client s'assit à une table.
- Le camion rentra violemment dans le mur.
- Son mari la prit tendrement dans ses bras.
- Ce matin-là, le soleil brillait.
- Elle cueillit des bouquets de fleurs de toutes les couleurs.
- Je comprends pourquoi je dois faire ces exercices.

Faites travailler votre imagination et utilisez les six mots suivants, en ordre, pour rédiger un court texte :

Avion, île, vacances, repos, plage et livre.

Réfléchissez et n'allez pas voir trop rapidement les réponses au chapitre 18 !

En plus de tous ces exercices, amusez-vous à *réécrire* avec des mots *différents* des articles de magazines et de journaux, afin de saisir et comprendre les *nuances*. Les *interrogations* sur toutes sortes de sujets, et surtout les *réponses*, sont une autre clé de l'écriture. Pourquoi ? Parce que cela vous permettra de conserver journellement votre esprit *vif*, *inventif* et *alerte*. En faisant vos exercices, notez aussi sur votre carnet des idées que vous pourrez utiliser dans votre livre (mises en situation, souvenirs, observations personnelles, etc.)

Si ces exercices ont pu vous aider à démarrer, tant mieux. Sinon, recommencez-les. Vous savez, c'est à force de relire *L'ABC de l'écrivain* que vous découvrirez vos propres clés, vos propres vérités et vos propres besoins. C'est à vous de les *trouver*, de les *identifier*. Si vous les cherchez avec passion, elles deviendront une *évidence*.

Chapitre 4

Les différents plans de travail

« *Ce qui touche le cœur se grave dans la mémoire.* »
VOLTAIRE

Les plans de travail vous apporteront une aide précieuse lors de la rédaction de vos exercices, mais aussi plus loin, lorsque vous commencerez à *écrire votre livre*. Il s'agit de tracer dans un premier temps les *lignes directrices* de vos textes. Rares sont les écrivains qui ne se font pas de plan de travail. Il est indispensable, à part si vous êtes surdoué, et que vous parvenez à suivre vos idées sans les mélanger.

La technique est *simple* : le début d'une *histoire*, se nomme A et sa fin, C. Entre les deux, il y a le *milieu*, B, que vous remplirez pour faire *progresser* l'histoire que vous racontez, tout en faisant *évoluer* vos personnages. C'est aussi une façon de vous motiver à faire les premiers pas, les plus *importants*. Il existe plusieurs plans de travail pour faciliter la tâche de l'écrivain et lui éclaircir les idées. Un plan de travail est fait pour aider, et non pas pour vous compliquer la vie. Dans les plans cités, exprimez vos idées en une seule *phrase courte* ou un *mot clé.*

Lorsque vous aurez effectué le canevas de votre texte, vous pourrez enfin le *commencer*. Pour vous familiariser avec les plans de travail, utilisez un crayon à mine et une gomme à effacer, et faites plusieurs essais pour vous entraîner. Vous pouvez également combiner ou tester plusieurs plans de travail afin de déterminer celui qui vous convient le mieux. C'est à chaque écrivain de personnaliser son organisation.

Le plan bande dessinée :

Il permet d'établir une association d'idées inscrites dans des bulles tout en assurant leur suivi et leur correspondance. Dans la première bulle, vous écrivez votre idée première, votre fil conducteur. Dans les autres bulles, vous poursuivez votre idée avec des mots ou des phrases.

Le plan solaire :

Il ressemble à l'astre de feu. En son centre, écrivez votre idée principale. Ensuite, peaufinez vos idées en les décrivant avec un mot repère dans chaque rayon triangulaire, et en suivant le mouvement d'une horloge, de gauche à droite. Chaque soleil correspond à une idée. Et si un soleil ne suffit pas, vous pouvez en utiliser d'autres.

Le plan pyramide :

En son centre, écrivez votre idée. Ensuite, inscrivez sur chacune des trois lignes du triangle une mise en situation en employant un mot clé. Utilisez le nombre de pyramides correspondant au déroulement de vos histoires.

Le plan d'écriture automatique :

En vous concentrant sur le sujet choisi, inscrivez sur une feuille pêle-mêle tout ce qui vous vient à l'esprit. Lorsque vous aurez rempli votre page de mots et de phrases, prenez votre marqueur jaune pour mettre en évidence les mots et les phrases qui sont les plus importants. Ensuite évaluez mentalement leur *chronologie*, puis ordonnez-les en leur donnant un numéro. Cette liste vous servira de repère.

Le plan libre :

Il ne répond à aucune contrainte. Vous faites comme bon vous semble. Cependant, il faut posséder une *mémoire infaillible* pour laisser libre cours à votre plume et ne pas craindre de perdre des idées qui n'auront pas été notées.

Qu'est-ce qu'une idée ?

C'est une étincelle, un éclair, un sujet qui vous vient spontanément à l'esprit. Avoir une idée, c'est *penser* et *raisonner* et se dire qu'elle mérite d'être *développée* sous un angle particulièrement intéressant. Avoir une idée, c'est la *formuler* et *l'exprimer* d'une autre façon, pour vous *démarquer*. Une idée provenant d'un sujet *défini* peut donner plusieurs *versions*, quant à la façon dont elle sera *racontée*. Développez votre *originalité*. À vous de définir quelle est votre source d'inspiration. À vous de définir votre *modèle* de monde.

Chapitre 5

L'ORGANISATION DE VOTRE TRAVAIL D'ÉCRITURE

« *Une chambre sans livre est un corps sans âme.* »
ADAGE LATIN

En ordonnant votre travail *dès le départ*, avec une présentation soignée, vous serez gagnant, car ce sera la première impression que vous donnerez à votre futur éditeur. Sur votre ordinateur, ouvrez un nouveau fichier du nom de votre choix, et numérotez les pages en haut à droite, comme sur *L'ABC de l'écrivain*. Cela facilitera la lecture de votre manuscrit. Inscrivez votre nom et vos coordonnées (adresse exacte, numéro de téléphone).

Toute œuvre bénéficie de la protection de la loi dès sa création. Pour protéger votre manuscrit et vous sécuriser contre un éventuel plagiat, inscrivez le sigle © ou écrivez *copyright*, suivi de votre nom et de l'année en bas de la première page. Cela indiquera que vous êtes le propriétaire exclusif de votre manuscrit.

EXEMPLE :

© Nadège Devaux, 2005

Cette précaution est-elle indispensable ? À mon avis, non. Je n'ai jamais eu peur que l'on me copie. Je dois même vous dire que cela ne m'a jamais traversé l'esprit. Mais il est vrai que l'on n'est jamais assez prudent et que cette simple formalité peut éviter des problèmes.

Un procédé simple pour protéger votre manuscrit, lorsqu'il sera terminé, consiste à vous le poster à vous-même, et conserver l'enveloppe sans l'ouvrir. Pourquoi ? Si quelqu'un vous imite, cette preuve est reconnue par les tribunaux. Dans le chapitre 17, vous trouverez les informations concernant les organismes qui défendent la propriété intellectuelle des écrivains. N'hésitez pas à leur téléphoner et à leur poser des questions.

Choisissez le modèle d'écriture que vous aimez, d'une taille de 10 à 13. J'emploie *Comic Sans MS* mais j'aime aussi *Book Antiqua*. Vous rédigerez votre texte en laissant un interligne et demi d'espace. Laissez une marge suffisante de chaque côté. Cela permettra à votre futur éditeur d'y apposer des notes, des suggestions et des corrections à effectuer. Pour intéresser un éditeur, votre manuscrit devra avoir un minimum de 100 pages, que vous diviserez en chapitres. Chaque chapitre contiendra environ 10 pages. Un manuscrit de 100 pages contiendrait donc 10 chapitres. Votre manuscrit devra avoir entre 35 000 et 40 000 mots, et être tapé uniquement sur le recto de chaque feuille. Bien sûr, votre roman peut avoir plus ou moins de mots, plus ou moins de chapitres, s'il est bien construit.

SIGNEREZ-VOUS VOTRE MANUSCRIT DE VOTRE VRAI NOM, OU PRÉFÉREZ-VOUS EMPLOYER UN PSEUDONYME ?

C'est selon votre choix. Par contre, si vous prenez un pseudonyme, l'éditeur devra évidemment connaître votre identité. Vous pouvez trouver votre pseudonyme en l'inventant ou en inversant les lettres de votre prénom et nom.

On nomme cela une *anagramme*.

EXEMPLE :

Nadège Devaux = Gèdane de Vaxu

Comment différencier l'introduction, l'avertissement, la préface, la dédicace, l'avant-propos, les remerciements, la conclusion et la table des matières ? Ce sera à vous de les rédiger au fil de votre travail, pour le rendre plus professionnel.

L'INTRODUCTION :

On la nomme aussi *avant-propos ou prologue*. C'est l'entrée en matière de votre livre. C'est dans *l'introduction* que vous présentez votre histoire pour donner envie aux lecteurs de dévorer votre livre. Dans le cas des romans, l'introduction n'est pas indispensable, c'est à votre choix.

L'AVERTISSEMENT :

Vous soulignez dans *l'avertissement* certains aspects importants de votre livre s'il y a lieu. C'est aussi dans *l'avertissement*, tout comme dans certains films, que l'on retrouve la phrase : « Toute ressemblance avec des personnes existantes ou ayant existé serait une pure coïncidence. »

LA PRÉFACE :

Elle est écrite par quelqu'un que vous connaissez qui cautionne votre livre et le recommande aux lecteurs. Évitez toutefois qu'elle soit trop prétentieuse, car les lecteurs aiment bien se faire leurs opinions eux-mêmes. De plus, la *préface* est facultative.

LA DÉDICACE :

Par une courte phrase placée au début, vous dédiez votre livre à une personne que vous aimez (parent, ami, enfant).

LES REMERCIEMENTS :

Ils se trouvent au début du livre. Ils remercient les personnes qui vous ont encouragé dans votre démarche littéraire. Évitez les effusions trop longues et soyez simple.

La conclusion ou épilogue :

Il faut la soigner autant que *l'introduction*, car c'est elle qui termine votre récit.

La table des matières :

Elle se place généralement à la fin du livre et énumère les chapitres ; on la nomme *sommaire* lorsqu'elle est placée au début. Il faut soigner sa présentation, car c'est souvent elle que les éventuels lecteurs consultent en premier.

La bibliographie :

Elle se place à la toute fin du livre, et sert à citer des livres que vous avez consultés pour écrire votre livre. S'il s'agit d'un livre historique, la bibliographie citera vos sources mais elle n'est pas souhaitable dans un roman. La bibliographie sert aussi à mentionner les livres de l'auteur qui sont déjà publiés.

Vous remplirez au fur et à mesure le contenu de votre livre, et cette liste n'est qu'un repère destiné à vous familiariser avec *l'aspect technique* d'un livre.

Rares sont les écrivains qui écrivent un livre d'un seul jet. La plupart travaillent par blocs de textes, au fil des jours. C'est-à-dire qu'ils écrivent leurs chapitres selon leur inspiration, et pas nécessairement en *ordre*. Quand un passage leur paraît plus difficile, ils le laissent de côté pour mieux le reprendre plus tard, et enchaînent sur un autre chapitre. Au fil des paragraphes, des chapitres, le livre s'étoffe et se *métamorphose continuellement*, jusqu'à ce qu'il soit terminé.

POUR VOUS FAIRE RÉFLÉCHIR, VOICI QUELQUES LOCUTIONS LATINES :

- *Ab ovo* (À partir de l'œuf)
- *Carpe diem* (Mets à profit le jour présent)
- *Non nova, sed nove* (Non pas des choses nouvelles, mais d'une manière nouvelle)
- *Errare humanum est* (Il est dans la nature de l'homme de se tromper)
- *Sublata causa, tollitur effecties* (La cause supprimée, l'effet disparaît)
- *Sol lucet omnibus* (Le soleil brille pour tout le monde)
- *Verba volant, scripta manent* (Les paroles s'envolent, les écrits restent)
- *Vitam impendere vero* (Consacrer sa vie à la vérité)
- *Felix qui potuit rerum cognoscere causas* (Heureux celui qui a pu pénétrer les causes secrètes des choses)

Chapitre 6

Les principales disciplines littéraires

« *Un beau livre, c'est celui qui sème à foison des points d'interrogation.* »
Jean Cocteau

Vous avez passé quelques semaines à effectuer vos exercices, et le grand jour est arrivé : vous allez enfin commencer à écrire *votre premier livre*. C'est grâce aux exercices que vous avez fortifié votre confiance en vous. Vous vous lancez maintenant dans cette aventure exaltante, gratifiante, et vous devez choisir quel genre de livre vous aimeriez écrire en consultant les différentes disciplines littéraires.

Prenez bien le temps de réfléchir car là, il ne s'agit plus d'un exercice mais d'un moment *crucial* pour l'écrivain. Vous travaillerez des mois dans la catégorie choisie, alors vous devez être *certain* de votre choix pour ne pas perdre votre énergie et votre temps.

Les romans sont les plus lus sur terre de par leur diversité. Un roman est toujours fictif, mais on peut y intégrer ou faire référence à des faits, des événements et des personnages réels. Il est faux de croire qu'un écrivain ne doit travailler que dans une discipline littéraire spécifique. N'hésitez pas à tester plusieurs disciplines ou à les hybrider. Par exemple, un roman sentimental peut contenir une énigme policière, si le héros est détective, par exemple.

Un roman d'aventure peut avoir une trame historique, etc. À vous de décider quels *ingrédients* vous voulez mélanger pour personnaliser votre recette. Toutes ces disciplines ont autant de valeur les unes que les autres. Laissez votre *instinct* décider quel genre de livre vous désirez écrire. Choisissez le style d'écriture qui vous séduira et dans lequel vous vous sentirez le plus à l'aise, sans vous forcer.

Rien ne vous empêche de prendre un livre que vous aimez comme modèle, mais sans le plagier, car la propriété intellectuelle de chaque auteur ne doit jamais être dérobée. Et puis, le jour où vous serez édité, vous n'aimerez pas qu'un autre auteur copie vos idées. N'oubliez pas que les écrivains qui se démarquent des autres sont innovateurs grâce à leurs sujets originaux. Une excellente source d'inspiration est de feuilleter des livres dans une *librairie* ou une *bibliothèque*, pour comparer les différentes façons d'écrire des auteurs.

Le roman populaire ou grand public :

Il est contemporain et traite habituellement des nombreux sujets d'actualité concernant la vie de tous les jours.

Le roman sentimental :

C'est une histoire centrée sur deux personnages principaux. Il consiste à suivre leur idylle et leur vie au fil des chapitres. Il peut être fleur bleue, mais aussi plus sérieux, plus profond. Tout dépend de la toile de fond.

Le roman d'aventure :

Il a une trame excitante et pleine de rebondissements pour tenir le lecteur en haleine. Il donne envie de bouger, de faire des cascades et d'explorer des pays lointains.

Le roman historique :

Il demande des recherches sérieuses, puisqu'il doit reposer sur des données historiques, et a un rôle éducatif ou de vulgarisation, même si les personnages peuvent être fictifs.

Le roman policier :

Il recèle une énigme à résoudre qui n'est dévoilée qu'à la fin. Cette énigme peut être inspirée par un fait divers. Il permet de créer un personnage central, qui est détective ou policier.

Le roman de science-fiction :

Il fait fureur chez les jeunes comme chez les grands. L'imagination projetée dans le futur n'a pas de frontières pour mettre en scène des extraterrestres, des robots, des revenants ou des monstres intergalactiques.

Le roman fantastique :

Il est peuplé de sorcières, d'anges et de démons aux pouvoirs occultes. La magie est son essence première.

Le roman humoristique :

Il parodie ou exploite le rire à différents degrés selon la perception de chacun : humour noir, sarcastique ou léger.

Le roman érotique :

Il est sensuel, suggestif, mais jamais vulgaire. Il exprime les cinq sens d'une façon à la fois excitante et pudique.

Le roman jeunesse :

C'est lui qui fait rêver les enfants et les adolescents. Dans la littérature enfantine, l'écriture doit être simple. Dans la littérature pour adolescents, l'écriture est comme celle destinée aux adultes.

La seule différence est que les personnages principaux sont des adolescents auxquels ces derniers s'identifient.

Les nouvelles :

Ce sont plusieurs histoires (4, 6 ou 8) dans un livre. Ces histoires peuvent ou non avoir un lien entre elles. Ces histoires courtes sont idéales pour les écrivains qui ne parviennent pas à écrire un livre entier sur le même sujet.

L'autobiographie ou la biographie :

L'autobiographie consiste à écrire soi-même ses mémoires, alors que la biographie est l'histoire d'une personne racontée par une autre.

Chapitre 7

COMMENT TROUVER LE SUJET DE VOTRE LIVRE ?

« *L'écrivain original n'est pas celui qui n'imite personne, mais celui que personne ne peut imiter.* »
CHATEAUBRIAND

Rien n'est plus excitant que de choisir le genre d'histoire que vous raconterez. Peut-être connaissez-vous déjà le sujet littéraire qui vous passionne, sinon il vous suffit de lire les *faits divers* dans les journaux, les magazines ou d'écouter les informations à la télé et à la radio, qui sont des *mines d'idées* pour les écrivains. Lorsqu'un sujet en particulier vous plaira, vous inspirera, vous sentirez instinctivement que vous êtes prêt à rédiger votre manuscrit.

Si vous avez le sens de *l'observation*, vous pouvez trouver aussi le sujet de votre livre en vous inspirant de ce que vous voyez quand vous marchez dans la rue, ou quand vous conduisez sur la route. Vous pouvez également vous inspirer d'un évènement de votre vie ou de la vie de gens que vous connaissez. Une autre source d'inspiration est le *dictionnaire* qui fourmille d'idées. La liste qui suit est juste un repère pour vous donner des idées. J'ai toujours trouvé la racine de mes livres en me *questionnant* sur les sujets qui m'intéressaient et que j'avais envie d'aborder. Lorsque j'ai écrit *Cauchemar d'amour*, j'étais célibataire, et j'ai eu l'idée de mettre en scène un homme et une femme, puis de rentrer tour à tour dans leurs pensées.

En tant que femme, je trouvais captivant d'endosser la peau d'un homme pour mieux comprendre le côté affectif et le raisonnement masculin. J'ai écrit ma collection sur les chats simplement parce que j'ai eu un élevage de chats dans mes jeunes années. Avant de devenir écrivain, je désirais être vétérinaire, car j'adore les animaux. Comme je m'intéresse aux médecines douces, j'ai rédigé ensuite *L'homéopathie au service des animaux*.

La biographie, *Délivrance, voyage au bout de l'enfer*, est l'histoire d'une amie qui m'a touchée par les épreuves terribles qu'elle a traversées, et par sa puissante détermination à poursuivre sa vie parsemée de chagrins.

Quand j'ai écrit *Amarok, l'esprit des loups*, c'est parce que l'un de mes amis possédait un loup qu'il avait réellement trouvé blessé dans le Grand Nord, et que j'ai eu le privilège de connaître.

L'idée d'écrire *S.O.S. générations*, m'est venue en observant les rapports particuliers et la complicité qu'entretiennent les petits-enfants avec leurs grands-parents. C'est une amie d'origine amérindienne qui m'a inspirée pour écrire *Le crépuscule des braves*. J'avais aussi envie de rendre parallèlement hommage aux ancêtres courageux des membres de la Gendarmerie royale du Canada à l'époque de la colonisation.

L'idée d'écrire, *Sur la piste des Touareg*, m'est venue d'un ami d'origine targui et de mon amour pour les voyages. L'idée d'écrire *Cyberdrague*, m'est venue après avoir effectué par curiosité une longue enquête sur les réseaux de rencontre sur Internet. L'idée d'écrire *L'ABC de l'écrivain* m'est venue d'une longue réflexion intérieure concernant *certains* écrivains qui se prennent pour des dieux de la plume. Ces gens prétendent avec mépris et pédanterie qu'il faut avoir fait de hautes études pour devenir écrivain. Or, c'est tout à fait faux et *prétentieux. TOUT* s'apprend. Alors, j'ai eu envie de démystifier une fois pour toute l'écriture afin de partager mon *expérience* et mes *trucs* avec vous.

Tous mes livres portent quelque part l'empreinte de mon vécu. Il y a un peu de moi dans la plupart de mes personnages. N'hésitez pas à *transposer* certains aspects de votre vie en les adaptant à l'histoire que vous choisirez d'écrire. Le fait de vous retrouver parmi les acteurs de votre livre vous aidera dans votre première expérience littéraire.

Posez-vous des questions comme si vous étiez à la place de vos personnages, comme si vous *viviez* leur vie. Mais contrairement à la vraie vie, vous devrez gérer plusieurs locataires dans votre tête, comme si vous aviez de *multiples personnalités* ! En plus, vous apprendrez à mieux vous connaître tout en écrivant. Comparez-vous à un nouveau-né, vierge, sans idées préconçues ou prédigérées.

Comment trouver le sujet de votre livre ?

J'ai conçu avant tout *L'ABC de l'écrivain* pour vous guider dans vos premiers pas vers l'écriture, et j'espère vous transmettre l'amour que j'éprouve pour les mots. Que vous écriviez votre livre en quelques mois, une année ou plus, le principal est de le *commencer* et surtout, de le *terminer*. Il y a 15 ans, il me fallait un an et plus pour écrire une livre. Aujourd'hui, cela me prend trois mois. Tout est question d'habitude.

Prenez votre temps. Mieux vaut la *qualité* plutôt que la *quantité*. Mieux vaut écrire un texte intéressant de 100 pages qu'une brique insipide et bâclée de 300 pages. S'il vous arrive de vous sentir découragé, prenez *une pause* de quelques jours. *L'ABC de l'écrivain* n'est pas une course contre la montre.

Une des clés de la réussite réside dans la *répétition*, afin de changer vos habitudes et de les conditionner pour qu'elles deviennent un *automatisme*. C'est d'ailleurs comme cela que l'on élève les enfants, ou que l'on dresse les animaux. Ils prennent pour *exemples* la façon dont on les guide. La *mémorisation* et la *synthèse analytique* font partie du chemin qui vous incitera à forcer la serrure de votre imagination. Avec *L'ABC de l'écrivain*, vous emmagasinez un enseignement. Le défi est ardu, *exigeant*, mais vous si vous *l'étudiez bien*, vous posséderez toutes les clés nécessaires à votre succès. Vous pouvez trouver le sujet de votre livre en abordant un thème qui vous passionne, ou qui a un rapport avec vous. Une secrétaire peut écrire un livre qui se passe dans un bureau, une serveuse, dans un restaurant, et ainsi de suite.

Suggestions d'idées de sujets par catégories

ROMAN POPULAIRE OU GRAND PUBLIC :

- La vie fictive d'un ou d'une artiste (chanteur, acteur, musicien)
- Les épreuves d'une personne handicapée
- La renaissance d'une personne gravement malade
- L'histoire d'une personne adoptée
- Un secret de famille
- La réussite professionnelle d'une personne

ROMAN SENTIMENTAL :

- La romance de deux étrangers
- L'histoire d'un amour impossible
- Les épreuves d'un couple
- L'histoire d'une trahison amoureuse
- La rivalité de deux femmes ou deux hommes
- L'histoire d'un grand amour

ROMAN D'AVENTURE :

- Une histoire se déroulant dans un pays exotique
- Une histoire d'espionnage
- Un trésor à trouver
- L'histoire d'une peuplade lointaine
- Un safari dans la jungle
- Un naufrage dans une île

ROMAN HISTORIQUE :

- La vie de pionniers
- L'histoire d'une tribu amérindienne
- L'histoire de vos ancêtres
- L'histoire d'une grosse entreprise
- L'histoire d'un roi ou d'une reine
- L'histoire d'un pays ou d'une région

Roman policier :

- Un tueur en série
- L'énigme du vol d'une invention
- Un accusé injustement condamné
- Un assassinat mystérieux
- Des trafiquants de drogue
- L'attaque d'un camion blindé

Roman de science-fiction :

- La fuite vers une planète inconnue
- Une guerre sur une planète
- L'invasion des extraterrestres
- Le clonage dans un laboratoire secret
- La fin du monde
- Une catastrophe écologique

Roman fantastique :

- Un sort jeté par une sorcière
- Un monstre qui terrifie les humains
- Un duel de pouvoirs occultes
- Un dragon mangeur d'enfants
- Une guerre souterraine
- Une secte secrète

Roman humoristique :

- Les déboires d'un célibataire
- Une astrologue excentrique

- La cohabitation d'un homosexuel et d'une femme
- Un animal qui raconte sa vision des humains
- Un couple en crise
- Les tribulations d'une personne pauvre qui gagne à la loterie

ROMAN ÉROTIQUE :

- L'histoire d'une prostituée
- L'histoire d'un couple d'échangistes
- L'histoire d'un couple bisexuel
- L'histoire d'un couple de lesbiennes
- L'histoire d'un séducteur
- L'histoire d'une nymphomane

ROMAN JEUNESSE :

- Les tribulations d'une bande d'adolescents
- Les premiers amours au collège
- Un adolescent qui règle son problème de drogue
- Des adolescents qui se perdent en forêt
- Une adolescente qui sauve son amie du suicide
- La vie dans une école

NOUVELLES :

- Histoires sur le thème de l'amitié
- Histoires sur le thème de l'amour
- Histoires sur le thème de lettres écrites et reçues
- Histoires sur le thème des croyances religieuses

- Histoires sur le thème des phobies
- Histoires sur le thème de la retraite

Biographie :

- L'histoire d'une famille
- L'histoire d'une personne que vous admirez
- L'histoire d'un de vos voisins
- L'histoire d'un cheminement professionnel
- L'histoire d'un ami ou d'une amie
- L'histoire d'un de vos anciens professeurs

Autobiographie :

Cette catégorie est particulière puisque vous connaissez déjà l'histoire de votre vie dans tous ses détails. Il arrive parfois qu'on découvre certains moments ou aspects oubliés et surprenants en la narrant !

Tracez les grandes lignes de l'histoire que vous désirez raconter. Si vous oubliez des détails *ce n'est pas grave.* Vous aurez le loisir d'effectuer des *changements* plus tard. Notez toutes les situations dans lesquelles vos personnages se croiseront. Dressez leur liste par ordre d'importance comme une table des matières afin d'avoir un repère *chronologique* lors de la rédaction de votre livre en *photocopiant* les plans de travail du chapitre 4 pour les utiliser à chaque chapitre.

Le secret d'une histoire haletante et bien ficelée réside dans toutes les *mises en situation* de vos personnages. C'est-à-dire dans toutes les aventures que vous leur inventerez. De plus, je vous conseille d'écrire une histoire qui se termine sur une note *positive* au lieu d'un drame. Les lecteurs aiment les livres qui se finissent bien, tout comme les spectateurs qui vont au cinéma ou qui louent un film dans un club vidéo. Vous en êtes à vos premiers pas alors prenez bien le temps d'ériger le canevas de votre histoire pour qu'elle soit cohérente.

Choisissez les *lieux* où se déroulera votre histoire en empruntant à la bibliothèque des *guides pratiques* sur les *pays* et les *villes* que vous mentionnerez.

VOTRE AIDE-MÉMOIRE DE DÉPART :

- Décrivez en quelques phrases le sujet de votre livre.
- Décrivez les endroits où se déroulera votre histoire.
- Décidez du nombre de personnages, hommes et femmes.
- Utilisez les plans de travail du chapitre 4.

Et puis, surtout, imprégnez-vous du message énigmatique, tellement simple et vrai, déposé sur une de ses œuvres par le génial Léonard de Vinci, doté de multiples facettes, puisqu'il fut peintre, sculpteur, ingénieur, architecte, inventeur et scientifique. Ce visionnaire a laissé cette phrase sur une de ses fresques datant de 500 ans, la *Bataille d'Anghiari* :

« *Cerca, trova* » (Cherchez et vous trouverez...)

J'ai toujours admiré Léonard de Vinci pour sa finesse et pour sa folie apparente teintée de lucidité. À mon avis, il a voulu, par cette phrase, exprimer l'idée universelle, intemporelle, à savoir que l'on n'avance que par son propre mérite, en apprenant, en cherchant et en *redécouvrant* avec un autre regard ce qui se trouve *sous nos yeux*... Et il n'y a rien de sorcier ou de surnaturel à ça. Il s'agit de solide *bon sens.*

Chapitre 8

COMMENT DONNER VIE À VOS PERSONNAGES ?

« *Lire, c'est aller à la rencontre d'une chose qui va exister.* »
Italo Calvino

Vous avez le pouvoir de rendre vos personnages sympathiques, mystérieux, troublants, naïfs, attachants, touchants, sensibles, empathiques ou désagréables, méchants, hypocrites, menteurs et antipathiques. Comme dans la vraie vie, quoi ! Un excellent exercice consiste à observer les personnages mis en scène dans les *télé séries* et dans les *films*. Décidez du nombre de personnages qui graviteront dans votre livre. Je vous conseille de ne pas vous perdre en créant trop d'acteurs. Pour votre premier livre, 2 à 4 personnages suffisent amplement. Donnez leur un *physique*, un *âge* et une *personnalité*. Inventez-leur un *passé* et un *présent*. Rien n'est plus merveilleux que de donner vie aux acteurs de votre manuscrit. Évidemment, il faut que vos personnages soient crédibles. Vous pouvez, entre autres, trouver les *caractéristiques* de vos personnages en consultant le profil des douze signes du zodiaque dans des *livres d'astrologie*.

Prenez soin de choisir le nom de vos acteurs en consultant simplement un *dictionnaire des prénoms* et le *bottin téléphonique*. Inventez vos personnages ou inspirez-vous de votre entourage mais n'oubliez pas qu'une fois votre livre publié, des gens que vous connaissez pourraient vous *poursuivre* si vous citez leur vrai nom. Lorsque que vous aurez effectué le canevas de votre manuscrit, vous pourrez enfin le commencer ! Dès que votre *plan de travail* sera rédigé, vous aurez accompli le plus gros du travail : vous aurez trouvé votre *sujet*, *vos personnages*, effectué la *structure* de votre manuscrit ainsi que le *fil conducteur* de votre récit. Écrivez une *fiche d'identité* pour chacun de vos personnages, comme dans les jeux de rôles.

RÉCAPITULATIF :

- Donnez-leur un passé, un vécu, un métier
- Donnez-leur un physique (grandeur, corpulence, couleur des cheveux, des yeux et style vestimentaire)
- Donnez-leur une personnalité (sympathique, timide, hypocrite, peureuse, arrogante, menteuse, etc.)
- Donnez-leur des traits de caractères spécifiques (manies, habitudes, phobies, passe-temps etc.)
- Quels sont leurs problèmes ?
- Quels sont leurs secrets ?
- Ont-ils des enfants ?
- Décidez de leurs interactions
- Imaginez des dialogues

FAITES BOUGER VOS PERSONNAGES :

Imaginez que, d'un coup de baguette magique, vous pouvez faire faire et dire tout ce que vous voulez à vos personnages. Vous rendez-vous compte que vous avez l'extraordinaire *pouvoir* de leur donner des qualités et des défauts, de les rendre heureux ou malheureux, et de les placer dans toutes sortes de situations selon votre imagination ou votre vécu ?

ASTUCES POUR IMAGINER LE DÉROULEMENT DE VOTRE HISTOIRE ET DE LA PLACE QU'Y PRENDRONT VOS PERSONNAGES :

En employant comme brouillon le début de phrase *Supposons que*... laissez voguer votre imagination et votre inspiration, ou bien en commençant votre brouillon par *Il était une fois*...

Vous pouvez faire expérimenter toutes sortes d'émotions à vos personnages, puisque leur destin vous appartient. Vous êtes le chef d'orchestre de votre récit et c'est vous qui décidez de leur état d'âme au fil des chapitres : joie, tristesse, colère, frustration, doute, peur, etc. Faire agir vos personnages n'est pas compliqué, puisque les *mises en situation* sont innombrables, et que vous pouvez les puiser dans *la vie de tous les jours*.

Vous êtes leur créateur et c'est vous qui animez vos acteurs au gré de votre fantaisie en leur donnant des *rôles*. C'est vous qui menez le bal et qui décidez de leurs paroles, faits et gestes. Vous êtes en quelque sorte leur père ou leur mère. Soyez *curieux*, imprégnez-vous des rôles d'acteurs à la télévision et au cinéma. *Observez* non seulement leur façon de *s'exprimer*, mais aussi leur *attitude*.

Lorsque je n'étais pas mère, je ne faisais absolument pas attention aux bébés promenés en poussettes. Lorsque j'ai eu mon fils, j'ai commencé à remarquer toutes ces mères qui vivaient la même chose que moi, alors qu'auparavant, je les croisais sans vraiment *les voir*.

Ceci pour vous dire que l'on *remarque* plus de choses lorsque l'on est *concerné*, parce qu'il est logique et normal d'être sensibilisé par ce que l'on expérimente. Le fait que vous écriviez votre premier livre vous rendra beaucoup plus *attentif*, *réceptif* et *intuitif* à ce qui vous *entoure*.

Chapitre 9

COMMENT DONNER VIE À VOS DIALOGUES ?

« *Les mots tombent comme une pluie sans fin dans une tasse de papier. Ils glissent en passant et s'écoulent à travers l'univers.* »
JOHN LENNON ET PAUL MCCARTNEY

CONSEILS POUR RENDRE VOS PERSONNAGES CRÉDIBLES :

Que vous mettiez en scène, une infirmière, un policier, une enseignante, un garagiste, une personne handicapée, un psychologue, etc., sollicitez et *rencontrez* une personne de votre ville ayant la *même profession* ou ayant connu *l'épreuve* que vous voulez raconter. En expliquant à ces gens que vous écrivez un livre, ils vous fourniront généralement avec grand plaisir des *renseignements* précieux sur leur métier pour étoffer vos personnages. Vous les *remercierez* en mentionnant leur nom dans votre livre.

EXEMPLE :

« Je remercie Cécile Tartofraises pour ses précieux conseils. »

Vous pouvez également emprunter des livres sur différents *métiers* dans une bibliothèque. *Documentez-vous bien* sur tous les *sujets* que vous abordez dans votre manuscrit, c'est *important*. C'est ce souci du *détail* qui différencie les *amateurs* des *professionnels*. En plus, vous découvrirez beaucoup de choses que vous *ignorez*. Faites parler vos personnages comme dans la réalité en employant un bon français. Vos acteurs et leurs dialogues animent votre manuscrit, alors *soignez* leurs échanges. Un écrivain ne peut pas uniquement *réciter* les évènements qui se déroulent dans son manuscrit. Il doit aussi les *montrer* pour attiser la *curiosité* du lecteur et le *convaincre* de tourner les pages.

Les dialogues :

Ils permettent à vos personnages de s'exprimer. Ils doivent être comme dans la vraie vie, en employant le parler de tous les jours. Ils permettent aussi de mieux cerner le caractère de vos personnages. Ils sont précédés d'un tiret pour que vos lecteurs sachent qu'il s'agit d'un *échange verbal*. Vous n'êtes pas obligé de rédiger des dialogues à *chaque page*. Les dialogues doivent *balancer* avant tout dans votre histoire et la rendre plus *vivante*. Servez-vous d'une règle élémentaire : vos personnages animent votre *manuscrit* et leurs dialogues animent certains de vos *chapitres*.

Proscrivez les banalités du genre :

— Qu'as-tu mangé à midi ?

— Un sandwich, et toi ?

— Une pizza.

Un dialogue sert avant tout à faire *progresser* votre récit, pas à le faire stagner. Évitez de *répéter* trop souvent, dans le même dialogue, des verbes comme *dire*, *demander*, *s'écrier*, *s'exclamer*, *répondre*, *rétorquer*, et *soupirer*.

Exemple d'erreurs à ne pas commettre :

— Si tu me refuses le divorce, je dévoilerai ton passé, *dit* Peter.

— Mais c'est de l'intimidation ! *s'exclama* Diane.

— Tu ne me donnes pas le choix, *répondit* Peter.

— Tu es monstrueux ! *s'écria* Diane.

— Non. Juste prévoyant, *rétorqua* Peter.

— Pourquoi ne pas trouver un terrain d'entente ? *demanda* Lise.

— Parce que je sais que tu ne respecterais pas ta parole, *soupira* Peter.

Comprenez-vous la *lourdeur* de ce texte ? En ôtant de ce dialogue *dit*, *répondit*, *s'écria* et *demanda*, le texte serait plus *léger*. Le lecteur est capable de comprendre l'échelle des émotions des deux personnages sans ces détails répétitifs à chaque ligne. Bien sûr, tout dépend de la longueur du dialogue. Dans ce cas-ci, c'est trop.

Étudiez les dialogues suivants pour vous guider.

EXEMPLE DE DIALOGUE :

« Une fois seuls, le constable me fixe avec insistance et murmure :

— Madame, je ne vois pas l'intérêt que vous auriez à porter plainte.

— Ah non ! Vous n'allez pas vous y mettre, vous aussi ! Mon petit-fils m'a dit la même chose il y a dix minutes !

— Eh bien justement, en parlant de votre petit-fils... c'est lui le coupable...

— Vous êtes fou ou quoi ?

— Je connais mon métier, madame. S'il n'a rien fait, il n'a aucune raison d'être dans un état pareil, tremblements et sueurs.

— Mais enfin, il est traumatisé qu'un de ses amis soit un voleur !

— Non madame. Je vous certifie que c'est lui. Et l'argent dérobé doit être caché dans la maison.

— Je tombe des nues. C'est vrai que Kévin a tout fait pour que je ne donne pas suite à cette histoire. »

S.O.S. générations

EXEMPLE DE DIALOGUE

« Mon frère fréquente une Ginette mais ne vit pas avec elle. Il se paye le luxe d'une certaine liberté. Je parle à Guillaume de la belle Européenne que je dois rencontrer ce soir. Il me demande, rempli d'espoir :

— Si elle ne te plaît pas, pourras-tu me donner son numéro de téléphone ? En échange, je te donnerai un billet pour une partie des Expos.

— Et Ginette, là-dedans ?

— Tu pourras aller au stade avec elle.

C'est mon frère tout craché ! Il est d'une bêtise désarmante, il n'a aucune classe. »

Cauchemar d'amour

EXEMPLE DE DIALOGUE

« — Vous voyez, dit Sitting Bull, nous ne volerons pas la nourriture de vos tribus puisque nous possédons nos troupeaux de bisons.

Se contenant avec peine, Jerry demanda sèchement :

— Pardonnez mon ignorance, Grand Chef, mais par quel miracle les bisons vous ont-ils suivis jusqu'ici ?

— Sitting Bull éclata alors d'un grand rire :

— Disons que depuis que nous avons atteint la berge canadienne, il arrive que mes guerriers repassent discrètement la frontière, la nuit, et ramènent des bisons américains au Canada. D'ailleurs, si j'ai bien compris, ces bisons vous appartenaient, au tout début.

— Mais c'est illégal ! C'est du vol ! s'écria Jerry. Ce sont des bisons sauvages et ils sont la propriété du pays dans lequel ils élisent domicile. Vous volez donc ces bisons aux Américains ! C'est une véritable folie ! »

Le crépuscule des braves

EXEMPLE DE DIALOGUE

« Salim *tira* Max de ses rêveries :

— Un Targui m'a dit que l'eau est rationnée à Tamanrasset. Ils n'y vont que pour vendre leur bétail et leurs dattes. Ils n'aiment pas trop se mêler à la population locale. Nous pourrions rester deux jours ici et nous diriger vers Agadez. Ils peuvent nous y conduire en camion. Bien sûr, ce n'est pas gratuit, mais on peut se fier à eux.

— Ils nous y conduiraient avec la vieille guimbarde à côté de l'enclos des dromadaires ? Tu plaisantes ou quoi ?

— J'ai examiné le moteur. C'est un monstre de la route et il tiendra.

— Christian coupa la parole à Max avant que celui-ci dise à Salim qu'il avait prétendu la même chose pour l'avion, avant l'écrasement.

— Nous n'avons rien à perdre, Max.

— Nous risquons juste de tomber en panne dans le désert et d'être dévorés vivants par les hyènes ou pire, grommela Max. »

Sur la piste des Touareg

EXEMPLE DE DIALOGUE

« Dans le parc, ma sœur place sa chienne sur un petit toboggan pour enfants :

— Ma poupée Rose veut glisser ? Oh là là ! Bravo mon bébé !

— Badaboum ! Le bébé à sa maman vient de tomber la tête la première dans le sable en couinant. Ma sœur se précipite à son secours pour la cajoler.

— Mon pauvre bébé a mal au crâne ! Il a des bobos partout ! Bobo à la tête et bobo à la papatte ! Maman va faire des gros bisous sur les bobos de sa belle Poupée Rose. Oh là là ! La vilaine bobosse sur la tête de mon bébé !

S'il n'en tenait qu'à moi, je tirerais cette ignominie au lance-roquettes. Un monsieur qui promène en laisse un cocker se dirige vers nous. Poupée Rose se rue sur l'animal pour se frotter à lui. Ma sœur s'exclame :

— Ma poupée Rose est guérie ! Elle est amoureuse et fait des câlins au gentil chien du monsieur ! Oh là là ! Ma Poupée Rose aimerait bien fonder une famille et être maman !

Le monsieur s'adresse sèchement à ma sœur :

— Ce n'est pas un chien, madame, c'est une chienne, et vous seriez bien aimable de rappeler la vôtre ! »

S.O.S. générations

Exemple de dialogue

« Thomas me <u>demande</u> :

— Et vous, les deux mémés, qu'est-ce que vous avez fait ?

— Oh ! Pas grand chose, à part prier à la basilique et regarder un film.

— Il était bon, le film ?

Ouille ! Une question piège. Je <u>réponds</u> évasivement :

— Je ne pourrais pas te dire, on s'est endormies au début.

Un énorme ronflement d'Angèle nous fait sursauter. Thomas <u>émet</u> un sifflement admiratif :

— Ben dis donc ! La dernière fois que j'ai entendu un son comme ça, c'était à la ferme de mon père !

Je sens tout de suite que j'ai affaire à un connaisseur.

— Tu sais, à notre âge, on se fatigue tellement vite…

— Dis pas de niaiseries, ma mémé, t'es encore toute jeune.

Dans mon rétroviseur, je le vois soudain renifler Angèle. Quelle humiliation, que va-t-il penser de nous ? Pourquoi n'ai-je pas pensé à donner de la gomme à mâcher à Angèle ? Thomas croise mon regard inquiet et me fait un gros clin d'œil complice. »

S.O.S. générations

Exemple de dialogue

« La serveuse nous apporte nos entrées : des moules sauce poulette pour moi et un feuilleté aux asperges pour Kévin. Au bout de quelques bouchées, je <u>fais signe</u> à la serveuse :

— Mademoiselle, les moules ne sont pas fraîches. Retournez-les à la cuisine. Servez-moi un feuilleté comme mon petit-fils.

— Rouge comme une pivoine, elle balbutie :

— Mais madame…

— Vous avez entendu ce que je viens de vous dire ?

J'aime aller dans les restaurants chics pour montrer ma supériorité. Ces moules sont bonnes mais je veux qu'on me remarque. Kévin mange, les yeux baissés. Mon feuilleté arrive cinq minutes après.

— Déjà ? dis-je à la serveuse. Du congelé réchauffé au micro-ondes, je suppose ?

— Non madame, il vient de sortir du four, il est tout croustillant.

Plus tard, lorsque la serveuse vient desservir, je récidive :

— Mademoiselle, faites attention en nous servant nos prochaines assiettes. Il y avait du gras sous la mienne. Nettoyez-vous les mains, je vous prie.

— Oui madame…

Je la sens se contenir avec peine. Nos plats de résistance arrivent : du gigot d'agneau pour moi et une escalope de veau à la crème pour Kévin. J'attends quelques minutes avant de héler à nouveau la serveuse :

— Mademoiselle, mon gigot est trop saignant. Faites-le cuire davantage.

— Mais madame, c'est ce que vous aviez demandé…

— J'ai changé d'avis.

Ses yeux lancent des éclairs. Elle revient avec mon gigot cuit. Lorsque nous nous régalons de profiteroles au dessert et qu'elle vient nous desservir, je lui dis :

— Mademoiselle, cette pâte à choux n'était pas fraîche et la sauce au chocolat avait un goût de brûlé.

— Mais madame, vous avez tout mangé !

— Votre service a été infect, mademoiselle. Si vous étiez à mon service, je vous mettrais à la porte. »

S.O.S. générations

Exemple de dialogue

« Lors d'une de leurs randonnées, Jiimi avait parlé à Max de son désenchantement à l'égard des motoneiges :

— Les skidoos ? Jamais plus ! Imagine que tu tombes en panne en plein blizzard ! Et puis l'essence coûte très cher. Il y a deux ans, je me suis fait surprendre par l'eau. Le changement de température avait fait fondre la glace. C'était dangereux et je n'arrivais pas à faire redémarrer mon skidoo. Heureusement, des amis sont partis à ma recherche et m'ont secouru. Tu sais, avec les chiens, ça ne serait jamais arrivé. Rien ne vaut les traîneaux. Si un de tes chiens meurt, tu peux compter sur les huit autres, mais un skidoo cassé, ça ne sert à rien, et en pleine toundra ça devient ton cercueil.

Jiimi avait une vision dure, lucide et personnelle des expéditions et, sur le même ton, y alla avec ses recommandations :

— S'il m'arrivait malheur, Max, ne t'encombre pas de mon corps. Laisse-le sur place, il y va de ta survie. Chez nous, c'est comme ça que ça se passe.

— Jiimi, s'était exclamé Max encore offusqué, je ne pourrais jamais faire ça ! Tu es mon ami !

— Bien sûr que tu pourras, sinon tu seras toi-même en danger ! Si un jour le malheur te frappait, moi, je n'hésiterai pas à le faire. Les vivants passent avant les morts. Il faut regarder la réalité en face. »

Amarok, l'esprit des loups

Imprégnez-vous bien de ces dialogues, de leur *légèreté* mais aussi de leur *sérieux*. N'oubliez pas de *rebondir* avec cohérence à la phrase que vous écrivez et à laquelle vous *répondez* en maîtrisant la *progression* de votre dialogue. Vos personnages doivent se distinguer par leurs *différentes personnalités*. Si vous les faites tous parler de la même façon, votre livre sera ennuyeux. Exploitez leurs traits de caractère. Ils vous inspireront pour mieux cerner et écrire leurs *réactions*.

Exemple de dialogue

« Le soleil du mois de juin fuse à travers la fenêtre et je reçois ses rayons en plein visage. Assis à mon bureau, dans la pièce remplie de tanks, d'avions et de bataillons de soldats de tous les pays, j'accepte l'offrande divine sans étonnement. Enfant chéri du Tout-Puissant, habitué au favoritisme céleste, je mérite largement cette récompense ensoleillée. En cette fin de journée, je suis le plus heureux des hommes. Je viens de terminer mon super tank allemand Panzer IV à l'échelle 1:72.

— Poum ! Poum ! Poum !

— Euh non ! Boum ! Boum ! Boum ! devrais-je plutôt dire.

— En toute modestie, mon modèle réduit est une merveille. J'embrasse amoureusement mon tank, puis je me tourne vers un soldat russe qui se trouve sur le rebord de la fenêtre :

— Colonel Karsakov, je suis prêt à diriger la plus grande armée de tous les temps. Je vais enfin devenir le chef incontesté de l'armée de terre, de la marine et de l'aviation de toutes les nations de la planète. Je suis le Noé de la guerre, le plus grand conquérant depuis Alexandre Le Grand et l'homme le plus fin du monde, n'est-ce pas ? Et pour fêter cet événement grandiose, je vous nomme officiellement mon bras droit en récompense de votre qualité d'écoute.

Je sens que le colonel apprécie le grand honneur d'être nommé confident de l'être exceptionnel que je suis.

— Non, non. Ne me remerciez pas, Colonel. Vous êtes un exemple de loyauté car vous obéissez sans réfléchir et discuter. Trinquons plutôt à ma gloire.

Je me sers un verre de porto et porte un toast en direction de mon allié.

— L'armée, cette ingrate, va regretter amèrement de m'avoir répudié. Je ne voulais pas prendre ma retraite, on m'y a forcé. On m'a même menacé, figurez-vous. Savez-vous pourquoi, Colonel ? Tout simplement parce que je suis inégalable et que mon efficacité commençait à froisser certains esprits médiocres. Ça leur faisait de l'ombre.»

S.O.S. générations

Exemple de dialogue

« James se rendit chez le commissaire Macleod, et lui annonça qu'il allait prendre la jeune Sioux pour épouse. Visiblement surpris d'une telle décision, et fatigué des festivités de la nuit précédente, Macleod essaya de maîtriser sa gueule de bois en vociférant :

— Vous êtes complètement malade, mon pauvre garçon ! Vous rendez-vous compte que nos problèmes avec les Indiens sont très graves en ce moment ? Les sauvages n'aiment pas voir leurs filles et leurs sœurs épouser des Blancs. S'ils vous rencontrent avec Petite Étoile, ils vous tueront.

— Commissaire, ces «sauvages», comme vous dites, sont mes amis. Pourtant, vous sembliez apprécier Sitting Bull pour sa noblesse d'esprit, et...

— Qu'importe ! interrompit le commissaire. Croyez-moi, vous vous placez dans un guêpier. C'est elle, je suppose, qui vous a fait des avances ? Ne vous laissez pas berner, mon garçon, les femmes indiennes ne renient jamais leur sang et, un jour elles trahissent.

— Comment pouvez-vous juger de cette façon quelqu'un que vous connaissez à peine ?

— Par expérience ! J'ai fréquenté ces femelles au cours de ma vie de soldat et je puis vous assurer que ces garces veulent être égales aux hommes. Imaginez-vous ça ? Nos égales ? Quelle bouffonnerie !

— Je n'ai jamais songé à une union maritale comme à un rapport de force, Commissaire... Peut-être étiez-vous trop dominateur avec les femmes ! Ce qui expliquerait pourquoi vous méprisez celles qui ont du tempérament...

— Quelle impudence ! Quel que soit le nombre d'années passées sous mes ordres, je demeure toujours votre supérieur. Je pourrais vous mettre aux arrêts pour trahison. Retenez-bien ceci, en tout cas : si vous épousez cette Indienne, vous serez la honte de notre garnison.»

Le crépuscule des braves

Exemple de dialogue

« Christian le tira brusquement de sa rêverie :

— Regardez en haut des dunes, à gauche ! Nous avons de la visite !

— En effet, au loin, une dizaine de formes sombres et inquiétantes se suivaient en file indienne.

— S'ils ont de mauvaises intentions, nous pouvons facilement les semer. Leurs chevaux ou leurs dromadaires ne pourront pas nous rattraper, dit Max en sortant son revolver.

— Je ne peux pas forcer le moteur du camion avec cette chaleur, lui répondit Salim. Nous avons eu de la chance avec Takouba, mais là, nous ne sommes plus en Algérie. Nous sommes au Niger, et ici il y a des poignées de touareg fanatiques qui vivent comme des rebelles et qui se livrent à des guérillas. N'oubliez pas qu'ici, les Touareg sont avant tout des Noirs, alors ils détestent encore plus les Blancs qui ont voulu les réduire à l'esclavage.

Christian avait pris la paire de jumelles pour identifier les visiteurs et il fut prit d'un fou rire incontrôlable qui sidéra ses amis.

— C'est un troupeau d'autruches ! »

Sur la piste des Touareg

Savez-vous que votre esprit *travaille* même durant votre *sommeil* ? On n'utilise pas assez ce merveilleux instrument qu'est notre cerveau. À chaque fois que vous vous couchez, *pensez fortement* au sujet de votre livre avant de vous endormir, et posez-vous une *question* qui vous semble insoluble le concernant.

Avec un peu d'entraînement, vous vous apercevrez rapidement qu'au matin des *réponses* et de *nouvelles idées* apparaîtront comme par miracle. Mais ce n'est ni un miracle, ni de la magie. C'est simplement votre *subconscient*, tel un mélangeur d'idées, qui aura *résolu* la question pendant votre sommeil. Cela prouve aussi que toutes les *réponses* et *solutions* sont en vous.

DEVINETTE :

À votre avis, pourquoi je ne parle qu'au masculin ? Quand je parle d'un éditeur et non d'une éditrice, d'un lecteur, sans mentionner une lectrice, d'un écrivain et pas d'une écrivaine, etc. ? Vous trouverez les réponses de ces devinettes au chapitre 18.

Chapitre 10

LA RÉDACTION DE VOS PREMIERS CHAPITRES

« *On ne peut pas parler de littérature sans avoir lacé ses chaussures.* »
JORGE LUIS BORGES

Les premières phrases d'un livre sont *capitales* et *décisives*. Elles sont les plus difficiles et les plus importantes, car ce sont elles qui donneront aux lecteurs le goût de vous lire. Laissez donc le temps à votre esprit de réfléchir sans tension au déroulement de votre récit. Ce premier geste littéraire, que vous poserez en peignant vos idées avec des mots et des phrases, prouvera que vous avez l'étoffe d'un écrivain, et que vous êtes capable d'aller au bout de votre passion.

FAUT-IL EMPLOYER LE « JE » OU LE « IL, ELLE » ?

Tout dépend du sujet de votre manuscrit et de sa catégorie. Écrire à la première personne évoque une complicité avec les lecteurs, car ceux-ci liront votre histoire à travers *vos yeux*. En employant le « je », vous devenez le personnage principal de votre livre, le narrateur, l'observateur, alors qu'avec le « il, elle », vos personnages évoluent *par eux-mêmes*. Quel est le bon choix ? Pesez le pour et le contre en faisant des essais. Certains de mes livres sont au « je », alors que d'autres sont au « il, elle ».

Quand je raconte une histoire au « je », *j'endosse* le rôle de mon personnage, je vis son histoire. Par contre, je n'ai pas accès aux pensées des autres. Lorsque j'emploie le « il, elle », ce sont mes personnages qui jouent *leurs propres rôles*, et je les actionne comme des marionnettes.

Exemple du même texte au « je » et au « elle » :

« Derrière la fenêtre de ma tour panoramique, j'observe toutes les lumières clignotantes de Montréal, plongée dans la nuit. Quelle est donc la lueur qui correspond au domicile de celui que j'attends ? J'enverrais bien une fusée de détresse dans le ciel, si j'en avais une, pour que mon futur amour sache que j'existe et vienne me délivrer de cette solitude qui me pèse tant. »

« Derrière la fenêtre de sa tour panoramique, elle observe toutes les lumières clignotantes de Montréal, plongée dans la nuit. Quelle est donc la lueur qui correspond au domicile de celui qu'elle attend ? Elle enverrait bien une fusée de détresse dans le ciel, si elle en avait une, pour que son futur amour sache qu'elle existe et vienne la délivrer de cette solitude qui lui pèse tant. »

Cauchemar d'amour

Racontez le plus clairement possible le début de votre histoire. Ne laissez pas l'énervement, le doute ou l'impuissance vous envahir. Si vous butez sur une phrase, *mettez-la de côté*, vous la reprendrez plus tard, et passez à une *autre idée* pour la développer. Comme expliqué précédemment, *l'introduction* sert de présentation à votre manuscrit. Il faut la soigner car c'est elle qui donne le ton de votre récit. En 3 ou 4 pages, résumez l'intrigue de votre livre, sans évidemment dévoiler les rebondissements et la fin. Bien sur, si vous le désirez, vous n'êtes pas obligé d'écrire d'introduction et vous pouvez passer immédiatement dans le vif du sujet en rédigeant le premier chapitre de votre manuscrit.

Vous pouvez vous contenter de numéroter vos chapitres, ou en plus, leur donner un titre. C'est selon votre choix. C'est vous qui décidez ce qui vous avantage le plus.

Exemple d'introduction :

« Peuplade mythique parmi les habitants du désert, les Touareg, connus aussi sous l'appellation hommes bleus, fascinent depuis longtemps les gens qui les connaissent peu. C'est précisément pour nous dévoiler les us et coutumes de ces êtres ensorcelants que deux amis d'enfance, Max et Christian, partent, accompagné de leur guide et ami Salim, à la rencontre de ces femmes et ces hommes fiers et particuliers. Leur périple leur révélera non seulement la couleur unique de ces guerriers du désert, mais aussi celle des vraies valeurs. »

Sur la piste des Touareg

EXEMPLE D'INTRODUCTION :

« L'univers trépidant et robotisé dans lequel nous surnageons comme des palourdes névrosées a complètement révolutionné notre façon d'être, notamment dans le domaine épique et rocailleux de l'amour. Il faut croire que les hilarantes tares génétiques dont nous sommes affublés ne suffisaient pas à notre détresse puisque celles-ci nous susurrent suavement à l'oreille depuis des lustres que nous avons de qui tenir. En effet, autrefois, nos aînés liaient inconditionnellement leur existence pour le meilleur et pour le pire, le pire étant généralement beaucoup plus fréquent que le meilleur. »

Cauchemar d'amour

EXEMPLE DE PREMIER CHAPITRE RENTRANT DANS LE VIF DU SUJET, SANS INTRODUCTION :

« Possédant un goût prononcé pour l'aventure, James Walsh, à peine âgé de vingt ans, s'enrôla sans hésitation en 1874 dans la Police à cheval du Nord-Ouest. Tout avait commencé en 1873, lorsque l'on afficha d'attrayantes pancartes publicitaires dans un bon nombre d'endroits publics des provinces de l'Est, afin de recruter des volontaires de 18 à 40 ans, robustes, vaillants, d'excellente moralité et sachant chevaucher. »

Le crépuscule des braves

Exemple de premier chapitre rentrant dans le vif du sujet, sans introduction :

« Être un homme de petite taille, avoir le crâne un peu dégarni, des kilos en trop, et mettre franchement sa photo sur Reseaucoeur.com, c'est comme signer son arrêt de mort. Toutes les femmes cherchent des hommes grands et chevelus. Mais ça, je l'ignorais car j'avais joué la carte de l'honnêteté en m'imaginant que tout le monde était comme moi et ouvrait son cœur sans juger l'apparence des autres. »

Cyberdrague

Exemple de début de chapitre :

« La grande marche de la Police montée vers l'Ouest avait débuté le 8 juillet 1874 par un défilé spectaculaire du régiment en uniforme de parade, à Fort Dufferin, petit poste perdu entre la Rivière-Rouge et la frontière des États-Unis. Le commissaire French observait avec une évidente satisfaction ses 275 hommes divisés en 6 sections, massés sur la place d'arme du fort. Vêtus de tuniques rouges éclatantes, de culottes grises, de bottes noires étincelantes, de gants de peau et de casques blancs en liège agrémentés d'une chaînette de laiton, les hommes avaient fière allure. Ils étaient tous armés de revolver *Deane-et-Adams* à canon long, de mousquetons *Snider-Enfield* ainsi que de sabres et de lances. Ils se déployèrent lentement sur leurs splendides étalons rétifs devant l'estrade du commissaire French et de ses officiers. »

Le crépuscule des braves

Ajoutez des odeurs, des couleurs, des bruits, des gestes physiques, des sensations de goût et de la magie à votre texte :

Pour construire un livre, il faut une *histoire*, des *acteurs*, des *dialogues*, des *endroits* et de *l'action*, mais on doit faire appel aussi aux *cinq sens* : l'odorat, le goût, la vue, l'ouïe, le toucher, et à la *magie* pour passionner les lecteurs. Les odeurs de café, de cuisine, et de fleurs donnent une note d'authenticité au récit. Les sensations de *goût* évoquent un plat préféré, un breuvage, une larme salée, etc. Les *couleurs* ajoutent une touche visuelle, qu'il s'agisse d'une couleur de cheveux, de vêtements, de voiture, de décor de maison, de *description* de la nature, etc. Les *bruits* concernent la musique, l'intonation des voix, les roulements de tonnerre, la pluie qui tombe, le bruissement des feuilles d'arbres, etc.

Les *gestes physiques* apportent la *dimension humaine* : étreinte, baiser, caresse, sexualité ou brutalité, violence, etc. Quant à la *magie*, c'est elle qui relie l'ensemble avec des mots appropriés, percutants ou poétiques afin d'agrémenter votre manuscrit. C'est avec tous ces *détails* que vous habillez vos phrases en les rendant plus agréables à lire. Cependant, trop, c'est comme pas assez, et il ne faut pas endormir inutilement les lecteurs avec des pages de *descriptions*.

Le secret est dans le *dosage*. Utilisez un dictionnaire de synonymes pour éviter les répétitions que vous identifierez avec votre marqueur jaune en attendant de trouver les mots de remplacement.

Exemple d'odeurs, de goût et de couleurs :

« Ils dégustèrent de savoureuses pâtisseries agrémentées de miel et d'amandes, tout en buvant un odorant thé à la menthe, boisson nationale en Afrique du Nord. Puis, ils allèrent visiter les souks, cavernes d'Ali Baba formées d'une multitude d'épiceries, de cafés pittoresques et de boutiques d'artisanat aux coloris vifs et invitants. Ils longèrent toutes sortes d'échoppes en humant de subtils parfums de cuisine : des merguez, de la volaille et des légumes, apprêtés avec du gingembre, de l'huile d'olive, du citron, du safran, du cumin et de la coriandre. »

Sur la piste des Touareg

Exemple de toucher :

« Il me dépose lentement sur le lit et me déshabille doucement en me caressant. Il se dénude à son tour et je constate que mon beau pharaon est dans une forme éblouissante. Avec beaucoup d'érotisme, il m'initie voluptueusement aux secrets des pyramides et semble apprécier que je sois une élève docile et ouverte. Ces mains expertes incendient mes sens et la fusion électrique de nos corps se poursuit tard dans la nuit. Épuisés, nous sombrons ensuite dans un profond sommeil, serrés l'un contre l'autre. »

Cauchemar d'amour

La magie :

Elle enrobe et fait *étinceler* vos mots et vos phrases en leur donnant une dimension sensible, humaine. Elle est indispensable. C'est elle qui *touche le cœur* de vos lecteurs.

Exemple de magie poétique :

« Au matin, la palmeraie baignait dans la rosée et quelques gazelles insouciantes léchaient doucement les tentes et les feuilles des plantes. Ces animaux gracieux ne s'abreuvent que de rosée et ils sont habitués, tout comme les dromadaires, à maîtriser leur soif. Le soleil naissant aux reflets orangés se déployait lentement sur les dunes et les montagnes qui encerclaient l'oasis. L'astre de feu saluait ce jardin du désert, cet îlot verdoyant, comme un bijou que l'océan de sable jaune renfermait en son cœur. Il filma les gazelles et essaya d'en caresser une, mais elle recula en le regardant, étonnée. Celles-ci n'avaient pas l'habitude d'être touchées et vivaient en liberté en osmose totale avec les Touareg. Qui était donc cet homme bizarre qui cherchait à les domestiquer ? Max n'insista pas. Il comprit que les gazelles étaient aussi farouches que les Touareg lorsqu'elles avaient affaire à des inconnus. »

Sur la piste des Touareg

Exemple de bruits et de magie poétique :

« À la cinquième nuit, alors qu'il n'y avait plus aucune trace des Indiens, un orage dévastateur et cinglant s'abattit sur la grande prairie déserte, zébrant d'éclairs les terres sacrées des ancêtres indiens, tel un hommage posthume à leur grande nation déchue. Alors, tous les dieux indiens se libérèrent de leurs linceuls nimbés d'argent, dans la tourmente, par les rayons d''une lune glacée. Ils planèrent jusqu'aux étoiles comme de grands oiseaux blessés en versant des larmes de sang. Cette nuit-là, les étalons sauvages se déployèrent comme des fantômes dans les vastes prairies et saluèrent les dieux indiens de leurs hennissements brisés. Puis le grand esprit, Wamkan Tanka, le dieu suprême, enterra au son du tonnerre les cœurs purs des guerriers, avec leur fierté, leur honneur, et leurs légendes. »

Le crépuscule des braves

EXEMPLE DE MAGIE POÉTIQUE :

« Pour visiter Helluland la mystérieuse, il faut être carrément fou, insensé, intrépide, posséder une témérité à toute épreuve, et surtout ne pas craindre les rencontres étranges, bouleversantes et fascinantes que l'on peut y faire les soirs de pleine lune car, ces nuits-là, tout peut arriver. Le Grand Nord, c'est une communion entre l'espace et l'infini, une empreinte lumineuse qui transcende, défie l'imaginaire, en marquant au fer rouge pour l'éternité. C'est également une expérience aussi éblouissante que douloureuse qui irradie tout être vivant à fleur de peau car on ne sort jamais indemne des griffes d'Helluland l'ensorceleuse, sirène océane au chant hypnotique. Mais n'est-ce pas le tribut à payer pour décrypter les secrets jalousement gardés du pays des neiges éternelles ? »

Amarok, l'esprit des loups

EXEMPLE DE MAGIE POÉTIQUE :

« Max et Aarja retournaient lentement vers le campement lorsque Max s'arrêta, figé par la surprise. Dans le ciel immaculé, lunaire et étoilé, de petits nuages blancs se rapprochaient pour former la silhouette parfaite d'une femme d'une grande beauté qui lui tendait la main. Max ne pouvait détacher son regard de la forme ensorcelante qui s'offrait à ses yeux. Son esprit fut traversé par la légende de Tin Hunan, reine légendaire des Touareg, cette femme énigmatique qui était à la source de cette fière peuplade qu'il était venu rencontrer. Cette femme était aussi belle qu'Aïcha et Max toucha par respect sa crois d'Agadez. Il se souvint qu'Aïcha avait dit que cette croix les protègerait contre les mauvais démons du désert. »

Sur la piste des Touareg

Exemple de magie poétique :

« Pour la seconde fois, un courant magique liait l'homme et l'animal. Un loup, plus petit et plus frêle, se tenait légèrement en retrait. Oumiak se recula pour se frotter contre lui. Max comprit le message. C'était une louve ! Sa louve ! Sa compagne ! Ils formaient tous deux le couple dominant de la harde. Tout s'expliquait enfin. Ce fameux soir, la meute était venue chercher son chef. Un loup est très attaché à sa femelle avec laquelle il vit un grand amour. Oumiak n'avait pas eu le choix. Il était obligé de partir. Il devait reprendre son rôle de chef et rejoindre sa louve adorée. Max était bouleversé par l'intelligence hors du commun du loup. La dignité et la fidélité d'Oumiak étaient une merveilleuse leçon de vie qui remplissait son cœur de beauté. »

Amarok, l'esprit des loups

Exemple de magie :

« Lentement, une dizaine de Sioux cachés dans les fourrés se découvrirent et s'avancèrent un à un au milieu des éclats de rire incessants des éclaireurs. Les armes à la main, les Sioux présentaient un aspect démoniaque dû à leurs visages bariolés d'ocre rouge et de charbon. Ils dévisageaient les deux hommes qui s'ébrouaient dans l'eau en leur faisant signe de partager leurs jeux aquatiques. En dépit de la fusion des rires simulés, la tension devenait presque insoutenable. Puis, comme par magie, les Sioux reculèrent jusqu'aux buissons et disparurent comme des spectres. En entendant le galop des chevaux qui s'éloignaient, les policiers sortirent de l'eau et se laissèrent tomber sur le sable. »

Le crépuscule des braves

EXEMPLE DE MAGIE POÉTIQUE :

« Le lendemain, le *Chicoutimi* leva l'ancre et s'élança avec élégance, voiles au vent, vers sa prochaine destination, les rives magnifiques du Maroc, jusqu'au port de Tanger. De nombreux badauds assistèrent au départ du superbe voilier blanc sous un ciel azuré. Avec ses 36 mètres de long, le *Chicoutimi* était confortable et spacieux. Tous les marins du monde connaissaient bien ce sentiment de pur bonheur qui fait vibrer à chaque départ. C'est ce que l'on nomme l'appel de la mer, celui que seuls les navigateurs aguerris ressentent intensément, comme s'ils formaient un tout avec l'océan. Cette communion entre l'espace et l'infini se confond à un véritable état de grâce. Les femmes de marins ne cherchaient jamais à contrer la mer, leur rivale. Elles savaient pertinemment que leurs hommes étaient sous son emprise et qu'il était inutile de les retenir de force. La mer hypnotisait tous les marins comme une maîtresse exigeante, lunatique et capricieuse mais ô combien voluptueuse, troublante et sensuelle ! Tous à tour amie ou ennemie, elle les attirait langoureusement dans ses bras tentaculaires pour mieux leur dérober leur âme. »

Sur la piste des Touareg

LES RETOURS DANS LE PASSÉ :

Apprenez à les intégrer dans votre texte sans trop en abuser afin de ne pas faire perdre au lecteur le fil de votre histoire. Ils servent à situer le lecteur et lui apprendre de *nouveaux faits*. Ils permettent aussi de ne pas tout dévoiler.

EXEMPLE DE RETOUR DANS LE PASSÉ :

« Mais l'histoire de Jerry s'avéra plus complexe. Il commença par révéler que sa mère était la fille du commandant de la garnison du fort Victoria situé sur la côte du Pacifique. Les Haïdas s'étant montrés insoumis, les soldats résolurent de les exterminer en ourdissant un raid meurtrier nocturne contre un village indigène situé dans l'archipel de la Reine Charlotte. Ils incendièrent ce qu'ils purent et massacrèrent plusieurs familles. En représailles, les Haïdas attaquèrent le fort Victoria et s'emparèrent de la fille du commandant. Celle-ci fut violée et torturée par un chef haïda. Considérant que vengeance avait été suffisamment assouvie par cette insulte suprême envers un chef blanc, l'Indien avait relâché la jeune femme au bout de trois jours. »

Le crépuscule des braves

EXEMPLE DE RETOUR DANS LE PASSÉ :

« Kiliutak semblait revivre douloureusement ces souvenirs pénibles et cela émut Max :

— Que s'est-il passé là-bas ?

Le Blanc avait menti. Plutôt que de servir de guide, je me suis retrouvée, bien malgré moi, dans un camp de bûcherons au bord du Grand Lac des esclaves. Dans ce camp, les hommes buvaient beaucoup, beaucoup trop. Pendant un mois, ils m'ont maltraitée et insultée. Ils m'avaient enlevé le goût de vivre et toutes mes illusions. Un soir, j'ai décidé de m'enfuir en volant un traîneau de nourriture; je ne voulais pas mourir de faim. Je les maudissais tellement ! Je voulais les tuer mais j'en ai été incapable. C'est là-bas que j'ai compris que les Blancs étaient aussi méchants que les Inuits. Finalement, tous les hommes sont des démons malfaisants ! »

Amarok, l'esprit des loups

EXEMPLE DE RETOUR DANS LE PASSÉ :

« Il fallait aussi se mettre à la place de cette race qui avait failli être exterminée. En 1880, des soldats français, membres de la mission Flatters, étaient venus pour tracer une route reliant les deux côtés du Sahara, ainsi qu'une voie de chemin de fer. Pour eux, les populations locales représentaient des sous-races, indignes d'intérêt, un peu comme les Amérindiens. Tous ces Français avaient été massacrés, suppliciés ou empoisonnés avec des drogues, et les survivants s'étaient entre-dévorés ou étaient devenus fous au contact des hommes bleus qui n'acceptaient pas leur intrusion aussi sournoise et présomptueuse qu'insultante. »

Sur la piste des Touareg

Les pensées ou réflexions intérieures :

Elles permettent à l'écrivain de faire *pénétrer* le lecteur dans *l'esprit* des personnages pour que celui-ci ait des indices sur ce qu'ils *ressentent*. Elles sont aussi importantes que les dialogues. Elles attestent que vous avez réellement *étudié* les caractéristiques de chacun de vos personnages. Elles se placent à votre guise dans les dialogues et l'action, ou entre eux.

Exemple de pensées intérieures :

« J'ai su que j'avais été non seulement une grande prêtresse atlante, mais aussi une divinité égyptienne, une déesse grecque, une impératrice romaine, une reine médiévale et Marie-Antoinette. Ma réincarnation actuelle est le fruit de ce long cheminement positif qui me détache de ce monde cruel. Si je perdure dans cette voie, j'atteindrai la perfection dans ma prochaine existence. Ces faits m'ont été confirmés par un marabout africain que j'ai consulté dans un marché aux puces ainsi que par mon sous-directeur, qui est fasciné par les vies antérieures. Il a été Ramsès III, alors il en connaît un rayon. »

Cyberdrague

Exemple de pensées intérieures :

« Max était agréablement étonné par l'attitude de Kiliutak. Il se disait que les labyrinthes de l'esprit humain étaient vraiment impénétrables. Cette architecture fragile de l'esprit pouvait parfois amener l'être humain à basculer dans une confusion totale, tout comme la jeune femme l'avait fait au tout début de l'expédition. Il ne lui en voulait plus car il savait que les méchancetés de Kiliutak masquaient une grande détresse, un manque d'assurance, d'amour, et certainement une profonde solitude. À la lueur du feu, l'Inuite songeait de son côté que Max était son bienfaiteur et le gardien de son âme. Il avait rallumé une petite flamme d'espoir qu'elle croyait éteinte depuis belle lurette. Et ce processus physiologique suivait tranquillement son chemin, comme le lit d'une rivière qui naît, embellit et forcit avant de se jeter dans l'océan. »

Amarok, l'esprit des loups

Exemple de pensées intérieures :

« Un papillon attire mon regard. Il virevolte autour des fleurs sauvages. Et si j'en offrais un à ma femme ? Ou bien alors une pomme ? Non, il faut trouver mieux comme gage d'amour. Pourquoi ne pas me mettre dans la peau d'un homme des cavernes ? Qu'offraient-ils à leurs douces à part des bouts d'os ? Non, ça ne m'inspire pas du tout. Eurêka ! J'aperçois enfin la solution sous un arbre. Comme ma vue laisse à désirer, je m'accroupis. Je vais chercher un trèfle à quatre feuilles ! Je suis génial ! Je me sens aussi triomphant qu'Archimède ayant son illumination dans son bain. Bon, il faut que je me mette à quatre pattes, ce sera plus facile pour trouver mon trésor. Ma femme appréciera ce cadeau original. C'est dur pour le dos. Comment les animaux font-ils pour vivre dans cette posture inconfortable ? Il y a plein de trèfles à trois feuilles, mais pas un seul à quatre feuilles. Si seulement j'avais mon tube de colle, mon problème serait vite résolu. »

S.O.S. générations

Exemple de pensées intérieures :

« James savait que Jerry avait raison mais il demeurait convaincu que les Blancs seraient encore les vainqueurs. Pour protéger sa femme et son fils, il devait continuer à oeuvrer au sein de la Police montée. Depuis que ces deux êtres étaient devenus le centre de son univers, il était très heureux. Cependant, depuis quelques temps, Petite Étoile s'intéressait particulièrement au sort des Métis et, quand elle prenait leur parti, ses propos troublaient grandement James. Il faut reconnaître que le cœur de Petite Étoile s'était endurci avec le temps qui n'avait pu amenuiser ses blessures intérieures. »

Le crépuscule des braves

Exemple de pensées intérieures :

« Ce n'est pas par hasard si les seigneurs féodaux bricolaient des ceintures de chasteté à leurs chipies avant de partir pour les Croisades. Déjà, à cette époque, elles se vautraient dans la paille avec les écuyers de leurs maris, dès que ceux-ci avaient le dos tourné. C'est aussi à cause de leurs sournoiseries que des abrutis se combattaient pour leurs beaux yeux lors de tournois. Le pire, c'est que le crétin qui gagnait, après avoir transpercé son meilleur copain à la lance, n'obtenait qu'un mouchoir parfumé en récompense. On comprend donc pourquoi les chevaliers moyenâgeux ont inventé précipitamment des donjons pour punir ces démones. Même enfermées, elles ont continué à lancer des S.O.S. en chialant par les meurtrières et en implorant les pauvres naïfs qui passaient par là. Émus par leurs larmes de crocodiles, ces nigauds se sont fait berner et ont terminé leur existence, réduits en bouillie, dans la chambre des tortures. »

Cauchemar d'amour

Exemple de pensées intérieures :

« Au diable les massifs de roses et de tulipes bon chic bon genre d'autrefois. J'ai planté des tournesols et des pavots géants et j'ai mis une guirlande électrique sur mes trois érables pour montrer à mes voisins que le divorce me réussit bien. Je sais que, malgré leurs bonjours polis, ils commentent ma vie, parce qu'il est rare de voir des voisins qui se mêlent de leurs affaires. J'expérimente aussi un tout nouveau genre de décorations dans ma demeure. J'ai fait encadré mes fenêtres avec des néons oranges et mauves afin de faire la vaisselle en dansant et en m'imaginant que je suis dans une discothèque. Je fais aussi une collection d'horloges suisses avec des coucous que je règle pour les faire sortir à différentes heures. »

Cyberdrague

Je trouve fascinant de *penser comme un homme*. Explorer *l'autre sexe* est une *clé de l'écriture*. Si au contraire vous êtes un homme, vous apprendrez *beaucoup* en vous mettant dans la peau d'une *femme*.

Exemple de pensées intérieures :

« Quand Max s'endormit, un sourire flottait sur ses lèvres. Il ne regrettait plus d'être venu sur la planète des hommes bleus. Il appréciait ces seigneurs des sables qui avaient su conserver intacte leur dignité. Il songea que l'avenir des Touareg aurait été différent si les envahisseurs avaient su les comprendre et les respecter comme des hommes, et non pas comme des barbares. »

Sur la piste des Touareg

L'INTENSITÉ DRAMATIQUE ET L'ACTION :

Un roman doit avoir de l'action et une *intensité dramatique* afin de fasciner le lecteur et lui donner le goût de continuer sa lecture. Ils sont le cœur d'un livre, son *moteur*. Un livre sans *rebondissements* est fade à lire. Pour tenir vos lecteurs en haleine, il faut des *complications*, des *contretemps*, des *désagréments*, des *incidents*, des *affrontements*, des *escarmouches*, des *révélations* et des *interventions*.

Entendons-nous bien. Cela ne signifie pas que vous devez faire escalader l'Himalaya à vos personnages à chaque page, ou en faire des surhommes et des surfemmes ! Les acteurs de votre livre sont comme vous et moi, avec leurs *défauts* et leurs *qualités*, ainsi qu'avec leurs *travers humains*. En respectant cette dimension humaine, vous ne vous tromperez pas. N'en faites pas des *saints* et des *saintes* à tout prix, ni des *méchants indécrottables*. Laissez-les faire leurs propres expériences et en même temps, soyez leur *psychologue*. Vous n'imaginez pas à quel point vous apprendrez des choses sur vous-même. Entre *vivre sa vie* et *donner vie à des personnages*, il y a un pont important : celui d'une *certaine recherche* concernant la *connaissance de soi*.

En ce qui me concerne, la perfection m'ennuie et je m'étiole comme une marguerite déshydratée. Dans mes romans, j'aime faire *évoluer* mes personnages. Un être *dur* peut *s'adoucir*, tout comme un être *sympathique* peut devenir *avide de pouvoir* et *décevoir*. En écriture, rien n'est jamais coulé dans le béton. Rien n'est immuable. Tout est *possible* dans un livre, car nous en sommes les *créateurs*. Cela laisse donc un vaste champ d'action et de liberté aux écrivains qui sont munis d'une baguette magique destinée à faire vibrer le mélange de leur cœur et de leur plume. Les magiciens astucieux qui aiment faire apparaître les mots comme des colombes d'un immense coffre à jouets se *démarquent*.

EXEMPLE D'INTENSITÉ DRAMATIQUE ET DE RETOUR DANS LE PASSÉ :

« Un voile de tristesse ombragea le regard de l'homme bleu lorsqu'il raconta l'histoire de Mélaïde, sa fille, âgée de huit ans. Trois ans auparavant, alors qu'elle jouait dans le sable, elle avait été mordue à la main par une redoutable vipère et la morsure s'était infectée en laissant un sillon bleu sur son bras. Elle avait eu la gangrène, pourriture des tissus, et il avait fallu amputer son bras avant que le sillon mortel n'atteigne son épaule et son cœur. Faute d'hôpitaux accessibles dans les alentours, c'était Takouba qui avait tranché avec son sabre le bras de Mélaïde pour la sauver. Cette opération avait été aussi horrible et traumatisante pour le père que pour la fillette, qui avait été très malade. »

Sur la piste des Touareg

EXEMPLE D'INTENSITÉ DRAMATIQUE :

« Contre toute attente, un cavalier arriva au fort. Tous les soldats se tenaient aux aguets. Le Sioux avait une allure étrange. Il se tenait trop penché sur sa monture. Lorsqu'il passa la porte du fort, les tuniques rouges se rendirent compte qu'il était grièvement blessé, un poignard fiché entre les omoplates. Comme il perdait beaucoup de sang, on le transporta d'urgence à l'infirmerie où le policier médecin retira l'arme de la plaie qu'il pensa avec beaucoup de soin. Le guerrier était très faible et sa voix n'était qu'un souffle de souffrance. Il parvint néanmoins à relater les événements de l'assemblée avant de s'évanouir. »

Le crépuscule des braves

EXEMPLE D'INTENSITÉ DRAMATIQUE ET DE DIALOGUE :

« Vas-y, appelle ta femme !

Énergiquement, Max répondit :

— Non !

Cela lui valut un coup de crosse de carabine dans les jambes, ce qui le fit tomber à genoux. L'Inuite sortit lentement de la tente. Calmement, avec la carabine de Max, elle tenait en joue les quatre braconniers. Son air déterminé n'augurait rien de bon pour eux. Elle regardait les intrus droit dans les yeux. Un des hommes la menaça :

— Toi, la femelle, lâche ça, sinon on troue la peau de ton homme !

Impassible, elle répondit froidement :

— Peut-être, mais auparavant, j'aurai amplement le temps de tuer l'un de vous quatre !

Et l'espace d'un instant, elle braqua son arme vers le chef. Ce dernier étouffa un juron. Il était pris au piège par une femme ! Profondément bouleversé par le courage de l'Inuite, Max s'écria :

— Kiliutak, ne fais pas ça, ce sera pire !

Sèchement, elle répondit :

— Pourquoi pas, Max ? De toutes façons, ils nous tueront.

Le chef lui dit alors, d'un ton méprisant :

— Qui te dit que tu toucheras ta cible ? Et puis, j'ai un gilet pare-balles ! Tu ferais mieux de baisser ta carabine si tu ne veux pas aggraver ton cas !

Implacable, Kiliutak rétorqua d'un ton frondeur :

— C'est ta cervelle que je vais faire sauter, espèce d'imbécile ! »

Amarok, l'esprit des loups

Exemple d'intensité dramatique :

« Dans une cacophonie de hurlements stridents, les collines avoisinantes, comme par magie, se couvrirent de guerriers sioux. Ils arboraient des masques de guerre et les flancs de leurs chevaux étaient peints d'éclairs dessinés en zigzags. Selon la religion sioux, les éclairs avaient le pouvoir de donner des ailes aux étalons. Dans une course folle, des centaines de cavaliers bariolés entourèrent les policiers qui brandissaient un drapeau blanc. Imperturbables, James et Jerry arrêtèrent leurs montures au milieu de la ronde endiablée des Indiens. Subitement, la danse équestre cessa. Ce fut le silence total, les guerriers figèrent comme s'ils attendaient quelqu'un ou quelque chose. Se détachant de la plus haute colline, un guerrier sioux superbement emplumé s'avança au petit trop. On eut dit qu'il flottait, tellement la démarche de son magnifique alezan était gracieuse et racée. Le fier guerrier prit son temps, sachant bien qu'il était le point de mire de la foule. Telle une divinité, il s'arrêta en face des messagers blancs. Jerry Potts fut subjugué en reconnaissant le chef suprême de la nation sioux, le grand Sitting Bull. »

Le crépuscule des braves

EXEMPLE D'INTENSITÉ DRAMATIQUE :

« Les trois hommes se sentaient mal à l'aise devant cet homme hermétique dont le regard noir et brillant, qui émergeait de son turban sombre, les transperçaient jusqu'au fond de leur âme. Pour rompre la gêne et le silence, Max eut une idée insensée. Il ôta sa chemise blanche et montra son torse à *l'amenokal*, sous le regard médusé de ses compagnons qui ne comprenaient pas où il voulait en venir. C'était la première fois que le géant blond montrait ses cicatrices de guerre à Salim et à Christian, souvenirs brutaux, douloureux, traumatisants et inhumains datant de la guerre du Vietnam. Son dos était lacéré de cicatrices profondes laissées par des coups de fouet reçus lorsqu'il avait été fait prisonnier par les Viêt-congs. Son torse portait le souvenir de trois coups de couteau et de multiples brûlures causées par des éclats d'obus et de grenades. La prestation de Max désarçonna le chef des hommes bleus. Comme tous les Touareg, il respectait les guerriers, les vrais, ceux qui n'ont peur ni de la torture ni de la mort. À son tour, sans un mot, il enleva sa tunique. Il avait été lui aussi supplicié, pas par les Jaunes, mais par les Blancs, et les lanières de peau qu'on avait voulu lui retirer s'étaient guéries au même rythme du temps que son cœur blessé par les envahisseurs. »

Sur la piste des Touareg

Exemple d'intensité dramatique :

« Le 17 septembre 1877 au matin, cinq tribus sur sept se présentèrent sur les rives de la rivière Bow à Blackfoot Crossing. Les soldats poussèrent des soupirs de soulagement lorsque enfin, les sept tribus se réunirent au complet le 21 septembre. Les sept chefs, Pied de Corbeau à leur tête, semblable à un aigle agonisant, pénétrèrent dans la tente des négociations où l'on procéda à la lecture des documents officiels. Les chefs écoutèrent silencieusement le contenu des traités, puis touchèrent, chacun leur tour, le porte-plume du secrétaire du gouvernement qui apposa leur nom à chaque signature constituée d'une croix. La garde d'honneur de la Police montée se tenait près des négociateurs, en tenue de parade. La séance des signatures à peine terminées, une meute déchaînée de Pieds-Noirs déferla au triple galop d'une colline voisine et s'arrêta brusquement devant les Blancs. Parce que les tuniques rouges n'avaient pas bronché, leur bravoure leur valut la profonde admiration de leurs supérieurs et des témoins de ce grand moment historique. »

Le crépuscule des braves

Exemple d'intensité dramatique :

« Le guerrier tourna autour de Max avec un air sarcastique, puis sortit son sabre avec agilité et le frappa dans le dos avec le manche ciselé de son arme. Max s'affaissa sous l'impact, la fatigue l'ayant beaucoup affaibli. Dans un élan de rage sourde, il se releva et se rua sur le chef au moment où celui-ci ne s'y attendait pas. Il le visa de son revolver qu'il venait de faire surgir de sa botte. Le Targui ne broncha pas. Max savait que le chef n'en menait pas large, tout comme lui. Leurs airs de bravache masquaient un trouble profond. Max fut surpris de ce qui arriva ensuite. Le Targui se contenta de prononcer une seule phrase. Aussitôt, un de ses subalternes descendit de cheval, s'approcha du Targui qui avait malmené Max et le gifla avec vigueur. Max comprit que le chef, malgré la position dangereuse dans laquelle il se trouvait, voulait montrer sa suprématie en punissant le guerrier qui n'avait pas pensé à fouiller le prisonnier pour vérifier s'il était armé. Le guerrier supporta l'humiliation publique en gardant la tête haute, puis enfourcha sa monture et partit au triple galop. Il était désormais banni et il devrait se débrouiller. Il préférait sans doute partir pour mourir honorablement en se suicidant plutôt que perdre la face en s'excusant pour son manque de jugement. »

Sur la piste des Touareg

Les histoires d'amour fascinent les humains depuis l'aube de l'humanité :

L'amour est le sujet le plus ancien et vous pouvez explorer toutes ses facettes pour le dépeindre, puisque personne n'est encore parvenu à expliquer ce sentiment.

Exemple sentimental :

« Un éclair de malice dans les yeux, Sitting Bull claqua des mains et une jeune Sioux apparut pour leur offrir des grillades au fumet exquis. Jerry ne s'intéressait guère aux femmes. Selon lui, une femme n'était qu'une escale à plaisir, nécessaire comme une couverture, mais vite consommée comme une chope de whisky. Par contre, James éprouva un choc à la vue de la jeune indienne. Il avait connu et serré dans ses bras plusieurs femmes, mais aucune n'égalait la beauté de la jeune femme. Grande et racée, elle était moulée dans une splendide robe en cuir tanné, cousue de perles de bois aux coloris vifs et sa superbe chevelure noire encadrait son visage d'un ovale parfait. La jeune fille rougit sous le regard admirateur de James et s'esquiva aussitôt, souple et légère comme une plume. »

Le crépuscule des braves

Exemple sentimental :

« La nuit est douce et une légère brise soulève la longue crinière blonde d'Angélique. Je lui explique longuement pourquoi je me suis conduit comme un mufle au souper-rencontre. Elle esquisse un sourire et me raconte ce qu'elle a pensé ce soir-là. C'est curieux comme la perception des gens est différente lorsqu'on se rapproche d'eux. Aveuglé par mon orgueil et mes échecs, je l'avais injustement jugée. Nous sommes deux rescapés d'un ouragan dévastateur. Elle aussi revient de loin et nous devrons nous battre pour préserver farouchement ce jardin secret qui nous a si cruellement manqué. Ce cauchemar était sans doute une épreuve, comme celle du supplice de Tantale, destinée à nous faire apprécier le grand amour, celui qui est beau, unique et que nous cherchions tant. »

Cauchemar d'amour

Exemple sentimental :

« Pour la première fois de sa vie, James était amoureux. À plusieurs reprises, la jeune indienne l'avait regardé de façon éloquente. C'est au cours d'une grande fête donnée au camp sioux, que James eut enfin l'opportunité de s'isoler avec Petite Étoile. Ce soir-là, la lune éclairait le doux visage de la jeune fille d'un éclat argenté. Elle avait artistiquement tressé sa chevelure de jais et elle portait « la tunique des esprits », si chère aux Sioux, laquelle avait le pouvoir magique de protéger et de rendre invulnérables ceux ou celles qui la vénéraient. Celle de Petite Étoile était une longue tunique pourpre brodée de fines lanières de cuir. Ainsi vêtue, elle ressemblait à quelque déesse mythologique ayant échappé à la roue du temps. Se rencontrant à l'écart des autres, les regards des deux jeunes gens se croisèrent intensément et toute parole devint superflue. Flottant l'un et l'autre dans un monde jusque-là inconnu, ils s'étreignirent passionnément. »

Le crépuscule des braves

Et pourquoi ne pas ajouter de l'humour ?

J'adore rire, comme vous avez pu le constater dans mes textes. J'aime beaucoup l'absurde. J'aime utiliser l'humour pour replacer des faits avec un regard pince-sans-rire. Combien de gens se prennent inutilement à la gorge lorsqu'ils discutent politique et religion, que ce soit en famille, à la télévision ou avec des collègues de travail, au lieu de prendre les choses avec un grain de sel, le sens de l'autodérision et un zeste d'humour ? C'est pour cela qu'à l'occasion, j'aime bien que certains de mes personnages soient excentriques pour mieux les ridiculiser.

Cela m'entraîne aussi à ne pas me prendre au sérieux en riant de moi-même. Vous avez le pouvoir de vous *moquer* de toutes sortes de situations afin de les rendre plus légères ou au contraire les *accentuer*. Dans ce registre, Marc Labrèche et Daniel Lemire sont mes modèles, parce qu'ils ne sont jamais vulgaires et utilisent avec virtuosité notre belle langue française.

Bien sûr, il y a différents degrés dans l'humour et ce qui fait rire une personne ne fera pas nécessairement rire une autre, parce que chaque individu à sa propre susceptibilité. Souvent, les gens qui se choquent se sentent visés par les propos. Pour moi, l'humour est avant tout une *caricature*, une *parodie*. Voici un exemple qui vous fera comprendre.

Je suis une femme, donc j'ai ri des femmes et de moi-même en endossant la peau d'un misogyne. Imaginez, les réactions si j'avais été un homme...

EXEMPLE D'HUMOUR EXTRÊME :

« Les femmes sont d'une futilité désespérante. Il y en a une qui me demande si je suis un homme rose. Elle veut se faire talquer ou quoi ? Et puis, c'est quoi, un homme rose ? Est-ce que c'est un abruti qui travaille toute la journée, qui cuisine et s'occupent des enfants le soir, pendant que Madame regarde ses téléromans, vautrée sur le divan en s'épilant les jambes ? Le pire, c'est quand on leur donne le pouvoir. Elles ambitionnent et se vengent sur tout le monde, en particulier sur les femmes dont elles sont jalouses et des hommes qui ne leur ont jamais accordés un regard. Autre facette nébuleuse de leur personnalité : la période des menstruations qui les rend mal embouchées. On attend patiemment la ménopause pour avoir la paix. Peine perdue, ces harpies enchaînent immédiatement sur l'arthrite et les hémorroïdes. »

Cauchemar d'amour

Sur ma lancée, j'ai fait pire en me moquant joyeusement des hommes. En fait, mon but était de *rétablir l'équilibre* entre les hommes qui critiquent les femmes et vice-versa, afin de faire prendre conscience à mes lecteurs de la *bêtise* des situations, parce que je crois tout simplement que la femme *complète* l'homme, et que c'est dans cette complémentarité qu'ils sont égaux.

Exemple d'humour extrême :

« La bêtise des hommes est navrante. Ils n'ont jamais su faire la différence entre se soulager et faire l'amour. Ils aiment copuler comme des animaux comme en témoigne leur langage poétique lorsqu'ils s'évacuent dans nos bonbonnières. Sans parler de la sempiternelle phrase idiote qui les caractérise et qu'ils nous balancent avec des airs triomphants de conquérants :

— C'était bon, hein ?

Parvenus à ce stade, ces cornichons interprètent notre mutisme comme étant une manifestation du bonheur pur que nous éprouvons. Ensuite, satisfaits de leurs prouesses, ils se tournent sur l'oreiller et se mettent à ronfler. »

Cauchemar d'amour

Exemple humoristique :

« En cette matinée chaude de septembre, mon horoscope, que je lis religieusement depuis cinquante ans, me saute aux yeux. Il m'apprend que le soleil brille à son firmament dans le domaine de l'amour. C'est formidable, même les astres sont avec moi ! Tout à l'heure, ma chatte siamoise, Altesse Sérénissime, dont le pedigree prestigieux ferait rougir d'envie le gratin montréalais, a éternué, ce qui est un signe de chance. Sans parler de mes hurlements provoqués par la grosse araignée qui est descendu du plafond de ma chambre et qui s'est immobilisée devant mon visage à mon réveil. Lorsque j'ai lancé cette adorable créature sur mon balcon à l'aide de mon balai, j'ai aperçu un nain chauve dans la rue, une autre marque indéniable de succès. J'ai ressenti des fourmillements sur mes lèvres, qui sont des signes annonciateurs de baisers. Pour décupler ma chance, il faudrait que je touche la tête d'un idiot, mais je n'ose pas demander ce service à mon voisin, un veuf au sourire niais. Il risquerait de mal interpréter mon geste en pensant que c'est une caresse pleine de promesses. »

S.O.S. générations

Exemple sentimental et humoristique :

« Je l'aime tellement que, peu importe son physique, elle est la femme de ma vie. Celle que j'ai toujours espérée. Elle m'a trop pénétré en profondeur pour que je puisse la renier. Elle pourrait avoir deux têtes, huit oreilles, un groin, quatre cornes, six jambes et être grosse comme une montgolfière, je m'envolerais avec elle pour faire exploser les nuages. Et puis, il ne faut pas que je sois défaitiste. J'aurai peut-être une bonne surprise aussi. Je me sens tout petit devant elle, cette grande dame qui a ravi mon cœur. »

Cyberdrague

Exemple humoristique :

« Lorsque nous franchissons effrontément le seuil du club de danseurs nus, nous réalisons que nous sommes les femmes les plus âgées. Mais aux regards amusés que nous jettent nos consœurs et les serveurs, nous nous sentons tout de suite à l'aise. Nous avons conscience d'être des phénomènes de foire et cela nous gonfle d'orgueil. Des mémés innovatrices, c'est *full crazy*, comme dirait Thomas. Ils ne doivent pas en voir souvent dans les parages, alors autant être grandioses et nous laisser admirer. Angèle commande un *shooter* à l'orange. Je me contente d'une eau minérale. Je ne bois jamais. Des apollons musclés défilent sur scène et ils se déhanchent lascivement en se dévêtant devant la foule de femmes en délire. Au bout de deux *shooters*, Angèle s'exclame, les yeux exorbités :

— Non mais tu as vu ça ?

Effectivement, ce que l'on voit sur scène donne des vertiges et des frissons tardifs. Le spectacle qui s'offre à nos yeux ferait rêver une centenaire ou l'achèverait carrément.»

S.O.S. générations

Exemple humoristique :

« Samedi arrive et pour mettre du piquant à notre rencontre, Francis me propose de nous chercher autour du bar. Seul indice : nous serons tous deux vêtus de noir. Mon cœur bat la chamade quand je franchis le seuil de la discothèque. J'ignore si mon prétendant est arrivé, quel suspens excitant ! Il y a peu de monde et je m'approche lentement du bar comme une gamine qui s'apprête à faire une farce. Soudain, je l'aperçois. OUAOU ! Il est grand et beau comme un dieu ! Je ne pensais pas qu'il était aussi séduisant, quel cachottier ! Il me fixe lui aussi avec un air de connaisseur. Deux ou trois mètres me séparent encore de lui lorsqu'il se produit un phénomène insolite. Un affreux petit bonhomme brun avec une tête de fouine, tout de noir vêtu, m'intercepte, un sourire rayonnant au coin des lèvres. Je réalise que j'ai fait erreur sur la personne quand il m'appelle par mon prénom. Du coup, mal à l'aise, le dieu grec s'éclipse discrètement de l'autre côté du bar. Je crois que je vais avoir une crise de nerfs. Le nabot qui a rompu le charme est Francis. J'ai envie de lui verser du poison dans son verre ou de l'expédier à une tribu de cannibales qui vont le bouffer vivant. Et moi, je vais me faire hara-kiri. Je bois deux scotchs consécutifs pour me calmer tandis qu'il me parle. Ce crapaud prend mon silence pour de la timidité. Même si je bois la bouteille de scotch au complet, ça m'étonnerait qu'il se transforme en prince charmant à minuit. Il n'a pas dû sucer des glaçons en m'attendant car il est ivre comme une délégation russe. Avec un grand rire, il m'entraîne sur la piste de danse. C'est épouvantable, en plus, il danse comme un kangourou. »

Cauchemar d'amour

Situez votre histoire dans le temps :

Il est important que les lecteurs sachent à quelle *époque* et en quelle *saison* se passe votre récit. Il ne faut pas non plus que votre récit semble se dérouler en une seule journée. Il faut préciser.

Expressions utiles que vous pouvez adapter afin d'intégrer le temps dans votre livre :

- Un matin
- Un midi
- Un soir
- Une nuit
- Le lendemain
- Une semaine plus tard
- Un mois passa
- Au même moment
- Plusieurs années auparavant
- L'année suivante
- Au bout de deux jours
- L'été suivant
- La veille
- À l'aube
- Au crépuscule
- Autrefois
- Un jour

Trucs pour la cohérence de votre histoire

Les contradictions et les invraisemblances :

Lorsque que vous relisez vos chapitres, imaginez que vos écrits sont comme un *film* que vous regardez au cinéma ou à la télévision, en faisant bien attention aux *détails* afin d'éviter les *contradictions*. Si un de vos personnages a un grave accident de la route et qu'il se retrouve à l'hôpital avec les jambes dans le plâtre, ne le faites pas courir au chapitre suivant, à moins d'avoir mentionné que le temps a passé. Si vous mentionnez que la couleur du véhicule de votre héros est blanche, n'écrivez pas qu'elle est bleue dans un autre chapitre. Si votre personnage se nomme Christine, ne l'appelez pas Diane, plus loin, et ainsi de suite. Ce sont toutes sortes de *fautes d'inattention* que vous devez *contrôler*.

Questions qui reviennent souvent :

QUESTION :

J'ai commencé mon livre mais après quelques pages, je ne sais pas comment continuer, je manque d'inspiration. Que faire ?

RÉPONSE :

Cela prouve que vous n'avez pas fait de plan de travail ou qu'il est *mal* fait. Un livre, c'est *plusieurs* histoires en une, qui doivent avoir un rapport entre elles. Chaque *histoire* fait partie d'un chapitre. Chaque chapitre correspond à *une* idée qu'il faut développer.

QUESTION :

Mais comment faire progresser mon livre si je ne trouve pas d'idées ?

RÉPONSE :

D'une façon facile et simple. Comparez cela à votre *vie*. Chaque jour, chaque semaine, chaque mois, chaque année, il vous arrive *toutes sortes* d'expériences au niveau personnel et professionnel (tracas, bonnes nouvelles, déceptions, ruptures, nouvelles connaissances, etc.) Votre éventail quotidien d'émotions est riche en informations pour *alimenter* votre récit.

Les exercices du chapitre 3 vous enseignent comment partir d'une *idée* pour élaborer une courte histoire en *quelques pages*. Le but est de vous montrer comment s'écrit un *chapitre*. Imaginez *chaque chapitre* comme *plusieurs petites histoires* qui forment l'essence de votre livre, et qui sont *reliées* entre elles par un *lien* : vos *personnages*.

Chapitre 11

L'IMPORTANCE DU TITRE DE VOTRE LIVRE

« *La lecture, une porte ouverte sur un monde enchanté.* »
FRANÇOIS MAURIAC

Le titre de votre manuscrit est *important*, car il est le reflet de votre *œuvre*, et c'est lui qui attirera le regard des lecteurs et leur donnera envie de lire le résumé figurant sur la page couverture ainsi que le contenu.

Ne vous creusez pas la tête pendant des heures pour trouver votre titre. Il se présentera naturellement, spontanément, comme une étincelle, sans crier gare, à votre esprit au cours de la rédaction de votre manuscrit. Vous pouvez aussi le trouver lorsque votre manuscrit sera terminé.

LE TITRE RÉSUMÉ :

Il résume plusieurs événements concernant votre manuscrit.

Exemple : « Des erreurs de jeunesse »

LE TITRE MYSTÉRIEUX :

Il intrigue le lecteur.

Exemple : « La nuit des sortilèges »

LE TITRE NARRATIF :

Il évoque un décor imagé.

Exemple : « Le chalet perdu dans la forêt »

Le titre interrogatif :

Il pose une question aux lecteurs.

Exemple : « Menez-vous une double vie ? »

Le titre déclaratif :

Il annonce un événement.

Exemple : « Le jour où la vie d'untel (votre personnage) a basculé »

Le titre humoristique :

Il désire faire sourire les lecteurs.

Exemple : « Le bêtisier des nuls »

Le titre musical :

Il produit un effet d'harmonie musicale pour l'oreille avec ses terminaisons.

Exemple : « Les vérités masquées du passé »

Le titre proverbe :

Il fait référence à un proverbe connu.

Exemple : « Chassez le naturel, il revient au galop »

Conseils :

Laissez votre imagination *vagabonder* et *s'imprégner* de votre livre afin de trouver le titre qui vous conviendra. N'hésitez pas à faire une *liste* de titres, puis, à les rayer tour à tour. Le dernier de votre liste sera généralement le *bon*. Et si ce n'est pas le cas, continuez à vous remuer les méninges. Évitez les banalités, les clichés trop faciles, et surtout, *contrôlez sur Internet* que votre titre *n'existe pas* déjà, comme le font les écrivains professionnels.

J'avais intitulé mon roman historique, parlant des nations amérindiennes du Canada, *Un écho des grandes prairies*, puis je l'ai rebaptisé, *Le crépuscule des braves*, parce qu'un brave est un guerrier. Un autre de mes romans, *Cyberdrague*, se nommait au début, *Voyage au cœur des claviers*, jusqu'à ce que je réalise que le mot « *clavier* » pouvait être confondu avec celui des pianos. *Cauchemar d'amour*, réédité, a été renommé *S.O.S. amour* par une éditrice, et je vous avoue que je préfère mon titre initial. Au départ, j'avais nommé *Amarok, l'esprit des loups*, *Amarok, le loup du Grand-Nord*.

Tout ceci pour vous dire que l'écriture possède la faculté de faire *mûrir* et évoluer chaque écrivain. C'est cette réflexion continuelle qui permet aux auteurs de comprendre que rien n'est acquis, que la perfection n'existe pas, et que même le titre d'un livre peut faire l'objet d'une mutation.

Chapitre 12

La relecture finale de votre livre

« *Un livre est fait pour être choisi, pour être désiré, feuilleté, lu, en attendant d'être relu.* »
GEORGES DUHAMEL

Si vous êtes parvenu à terminer votre manuscrit, selon votre rythme, Bravo ! Je vous lève mon chapeau et je vous félicite d'avoir relevé ce défi. Cela prouve que vous avez étudié studieusement *L'ABC de l'écrivain* en assimilant avec patience chaque chapitre, et vous pouvez être fier de votre performance. Si vous n'êtes pas parvenu à matérialiser vos idées, malgré toutes les pistes que je vous ai données, recommencez. C'est que vous avez survolé superficiellement *L'ABC de l'écrivain*, sans vous imprégner de *l'essentiel.*

Maintenant que votre livre est terminé, vous devez l'imprimer pour le relire, le corriger, le modifier et le transformer avant de le présenter à des éditeurs. N'hésitez pas à couper des passages qui vous semblent inintéressants, ratés ou bien *reformulez-les*. Utilisez votre marqueur jaune pour teinter les mots, les phrases ou les paragraphes qui vous paraissent *incomplets* et qu'il faut *modifier*. *Améliorez* votre texte, *enjolivez-le*. Si des personnages vous semblent inutiles, *supprimez-les* ou *rajoutez-en* de plus crédibles.

En vous relisant, n'oubliez pas une des règles élémentaires de la rédaction : le lecteur ignore où il s'en va à chaque fois qu'il lit un livre. C'est pourquoi vous devez attiser sa *curiosité* dès les *premières pages*. Faites respirer votre texte avec des paragraphes, ne surchargez pas vos pages et calibrez bien vos chapitres. Les éditeurs pourront ainsi évaluer le format de votre futur livre.

Si vous n'êtes pas un as en français et en grammaire, ne vous en faites pas. Lorsque vous serez édité, un *correcteur* payé par votre éditeur corrigera vos fautes d'orthographe. J'ai toujours eu affaire à des correcteurs sympathiques dont je garde un bon souvenir. N'oubliez pas qu'un correcteur est là pour vous aider à faire briller votre texte, pas pour vous juger. Vous désirez devenir *écrivain*, pas *professeur de français*. Cette nuance est importante. Croire que les écrivains sont des surdouées en français est tout à fait *faux*.

Évidemment, faites un effort pour corriger le plus d'erreurs possibles par vous-même, ou en demandant l'aide d'une personne bonne en français. Si vous faites corriger votre texte par une personne de votre entourage, choisissez-la avec soin. Évitez une personne qui voudra se valoriser à vos dépens en vous faisant des commentaires blessants. Le rôle d'un correcteur est de faire de la *critique constructive*, pas de vous rabaisser sans aucun tact. Autre point important : si vous faites lire votre livre à dix personnes, vous aurez dix avis différents, ce qui risque de briser votre créativité et de vous faire douter de vous. J'ai connu une personne qui est entrée dans ce cercle vicieux.

Résultat : son livre n'a jamais été édité parce qu'elle passait son temps à le faire lire, et elle le recommençait à chaque fois que quelqu'un portait des jugements ou lui donnait des conseils erronés.

Une fois votre premier travail de correction effectué, rangez votre manuscrit et attendez une semaine avant de le relire une dernière fois. Vous venez de réaliser un exploit personnel en écrivant votre premier livre, et il vous faut prendre du *recul* afin *d'aérer votre esprit*. Relisez votre manuscrit après cette pause, à tête reposée, comme s'il avait été écrit par une autre personne. Pourquoi ? Parce que cela vous permettra de vous mettre à la place des éditeurs et des lecteurs qui vous liront pour la première fois. Le fait d'attendre une *semaine* ou plus vous apportera un *regard nouveau* sur votre *travail*. Imprimez votre manuscrit dans la version finale que vous désirez soumettre à des éditeurs.

Chapitre 13

L'ÉDITION À COMPTE D'AUTEUR

« *Travaillez pour la gloire, et qu'un sordide gain ne soit jamais l'objet d'un illustre écrivain.* »
NICOLAS BOILEAU

L'édition à compte d'auteur signifie que vous ne proposez pas votre manuscrit à des éditeurs professionnels. Vous l'éditez vous-même, en le finançant. Si vous vous éditez vous-même, vous devrez débourser un minimum de 5 000 $, sans aucune garantie de récupérer votre mise de fond. Vous devrez aussi effectuer un travail gigantesque et contraignant : la maquette de votre livre, de votre page couverture, payer un imprimeur, vous procurer un numéro ISBN et générer un code à barres, effectuer votre dépôt légal, proposer votre livre à toutes les librairies, solliciter vous-même les médias et surtout, vous retrouver complètement isolé parce que vous n'aurez pas fait *vos preuves* chez un *éditeur professionnel*. De plus, l'édition à compte d'auteur a une connotation péjorative aux yeux des lecteurs, des médias et des libraires : celle de faire un *caprice égocentrique*, parce que votre livre aura été refusé par des éditeurs chevronnés, ou celle d'être vaniteux et de vous prendre pour une vedette, alors que vous n'avez aucune *expérience reconnue* dans le domaine de l'édition. Même si parfois c'est faux, cette étiquette vous nuira.

Une nouvelle race d'éditeurs *dont il faut se méfier* propose des solutions miracle : s'occuper de tout pour vous en vous faisant payer votre édition à compte d'auteur. Certains d'entre eux promettent monts et merveilles en vous faisant miroiter toutes sortes d'avantages. Mais ce qu'ils oublient souvent de mentionner, c'est que *seul votre argent compte pour eux*. Ils ne prennent aucun risque et se moquent royalement du contenu de votre manuscrit. La passion de l'écriture, la qualité du texte et le talent leur importent peu. Ce qu'ils veulent, c'est *gagner de l'argent* en se servant du désir d'être publié des nouveaux écrivains. Si vous décidez de choisir cette facilité, qui vous coûtera elle aussi 5 000 $, vous vous retrouverez avec des caisses de livres qui vous appartiendront, certes, mais serez-vous capable de les *vendre* ? Plusieurs nouveaux écrivains ont essayé cette méthode et ils sont rarement devenus des auteurs à succès, parce qu'ils ont raté leur entrée dans le monde des professionnels de l'écriture.

N'oubliez pas que n'importe qui peut payer un *imprimeur* pour faire imprimer *n'importe quoi*, ce qui n'est guère une preuve de talent et de crédibilité, un peu comme certains sites Internet où des gens écrivent des aberrations et des informations erronées sans jamais les contrôler d'une façon sérieuse. Un *véritable écrivain* doit faire *juger* son travail par des *éditeurs professionnels reconnus*. Et c'est là, et uniquement là, que réside le véritable défi d'un écrivain qui désire apprendre les ficelles du métier. S'il est édité, c'est la récompense suprême et l'aboutissement de ses efforts, de ses rêves et de sa persévérance. Je parle en connaissance de l'édition à compte d'auteur pour l'avoir essayée par curiosité. Bien sûr, il existe des contes de fées et j'en suis la preuve. Je vous en parle plus en détail dans le chapitre 16.

Ce que j'essaie de vous faire comprendre, c'est que cette façon anarchique de procéder peut vous faire perdre des plumes, et surtout, vos *économies*. Un peu comme des chanteurs qui se produisent eux-mêmes, parce que le quota de réussite est maigre. Une ou deux personnes sur cent réussissent. C'est peu pour tant de risques encourus et de stress. Encore une fois, c'est une question de choix personnel.

Chapitre 14

PRÉSENTEZ VOTRE LIVRE À DES ÉDITEURS

« *La confiance est ce sentiment grâce auquel l'esprit s'engage dans de grandes causes avec l'espoir et la conviction de réussir.* »
Cicéron

Une fois votre manuscrit terminé et imprimé d'une façon nette et lisible, ne le *reliez pas* et ne le *brochez pas*. Photocopiez-le en plusieurs exemplaires, et surtout assurez-vous d'avoir des *copies* et *disquettes* de sûreté. Mettez les pages en ordre et enserrez-les dans un grand élastique.

Rédigez une courte lettre, avec vos cordonnées, que vous joindrez à votre envoi. Assurez-vous d'acheter des enveloppes solides. Vous avez deux solutions : soit poster votre enveloppe aux éditeurs sans les contacter préalablement, ou bien leur téléphoner pour savoir s'ils désirent recevoir votre manuscrit.

EXEMPLE DE LETTRE :

Bonjour,
Je me permets de vous soumettre mon manuscrit intitulé *Le Crépuscule des braves*. J'ai mis beaucoup de temps et d'énergie à écrire ce texte qui me tient à cœur. C'est donc avec beaucoup d'espoir que je vous le présente. Je vous remercie à l'avance de votre attention. Dans l'attente d'une réponse, je vous prie d'agréer l'expression de mes respectueuses salutations.

COMMENT CHOISIR UN ÉDITEUR ?

En consultant différents livres dans les librairies afin de connaître ce que publient les éditeurs, ou en vous référant au chapitre 17, qui vous fournit toutes les informations les concernant. Il est évident que si vous avez écrit un roman policier et que vous le présentez à un éditeur spécialisé dans les romans historiques, celui-ci le refusera, car il ne correspondra pas à sa politique éditoriale. C'est donc à vous de bien vous renseigner afin de cibler un éditeur qui publie des livres dans la même catégorie que le vôtre.

Il est faux de croire qu'un grand éditeur vous apportera une plus grande visibilité et vous fera gagner plus d'argent, car parfois, ce sont plutôt des usines à auteurs. Un éditeur moins connu peut faire un excellent travail ; c'est à vous de peser le pour et le contre. Évitez cependant de faire affaire avec des éditeurs qui n'ont que deux ou trois livres à leur actif, car ils peuvent faire faillite et ne pas vous payer vos redevances (droits d'auteur). Le monde éditorial est en constante évolution. Des maisons d'édition ferment, d'autres naissent, et il est ainsi depuis des décennies. Ainsi va le monde de l'édition, comme dans n'importe quel milieu d'affaires.

Lorsque vous présenterez votre manuscrit à un éditeur, celui-ci le fera lire par un comité de lecture, généralement composé par des auteurs de la maison. Si les commentaires du comité de lecture sont positifs, l'éditeur lira à son tour votre manuscrit, puisque c'est lui qui détient le pouvoir décisionnel. Si votre livre intéresse l'éditeur, vous recevrez une lettre ou un appel téléphonique. Les éditeurs sont submergés par les manuscrits qu'ils reçoivent. Soyez patient, car leur réponse peut prendre de 2 à 6 mois. Beaucoup de gens qui écrivent un premier livre s'imaginent à tort que les éditeurs n'attendent que leurs premiers rots magiques. Rien n'est plus faux. Un éditeur reçoit des dizaines, voire des centaines de manuscrits par mois. C'est vous dire à quel point l'écriture est populaire de nos jours. Sur ce lot, moins de 2 % sont publiés.

Bien sûr, si un éditeur s'intéresse à votre travail d'écriture, il se peut qu'il vous suggère de *retravailler* certains *passages* de votre manuscrit. Il ne faut surtout pas que cela vous rende *susceptible* ou vous *vexe*, car il s'agit de critiques positives destinées à offrir à vos futurs lecteurs un produit *parfait*. Souvenez-vous toujours qu'en littérature, il n'y a aucune *critique personnelle*. Personne ne vous vise en vous faisant des suggestions. Cela concerne uniquement votre *façon d'écrire*, pas votre *valeur* ou votre *intégrité*.

Malheureusement, certains nouveaux écrivains ne comprennent pas cette façon de voir les choses, et se livrent à des caprices d'enfants gâtés et boudeurs. J'en ai même vu claquer des portes, se mettre en colère, et insulter des éditeurs.

Je ne vous cache pas que si j'étais éditrice, je me féliciterais de ne pas éditer ce genre de personnes trop imbues d'elles-mêmes, qui se prennent pour d'autres avec prétention, parce que *l'humilité* est l'essence des vrais écrivains. Faire ce métier est une journalière remise en question, parfois dure pour le moral, mais ô combien valorisante, lorsque l'on accepte les lois de ceux qui s'y connaissent *mieux que nous*. Ce que j'ai apprécié dans mon cheminement professionnel, fut de faire confiance au jugement de personnes plus *qualifiées que moi*. C'est ce qui m'a permis de me *perfectionner* et je remercie ces gens. Sans leurs judicieux conseils, jamais je n'aurais pu écrire 14 livres.

QU'EST-CE QUE LE DROIT D'AUTEUR ?

C'est une loi qui *protège* les oeuvres des écrivains afin que chaque créateur reste propriétaire de ses écrits. Sa durée est celle de la vie de l'auteur, plus 50 ans après son décès, et se transmet à sa descendance. Le droit d'auteur représente la façon dont se fait *rémunérer* un écrivain lorsque son livre est publié. C'est aussi le droit d'auteur qui permet à ce dernier de toucher des chèques appréciables si son oeuvre est traduite en d'autres langues, adaptée à la télévision, au cinéma, au théâtre ou à la radio. On nomme cela les *droits dérivés* dont je parle au chapitre 15.

Lorsque vous signerez un contrat avec un éditeur, il sera stipulé généralement que vous obtiendrez un pourcentage de 10 % sur la vente de chacun de vos livres. C'est-à-dire que vous toucherez environ 2 $ de droit d'auteur sur chaque livre vendu 20 $. Les éditeurs envoient les chèques de droit d'auteur aux 6 mois, ou bien une fois par an. Parfois, des éditeurs acceptent de payer une avance aux écrivains.

Comme vous en êtes à votre *première* expérience dans le domaine littéraire, je vous conseille de ne pas trop vous enfler la tête en croyant naïvement que vous allez devenir une *célébrité mondiale*, *millionnaire*, dès que votre livre sera édité. À mon avis, c'est déjà un grand prestige d'être publié. J'ai connu plusieurs nouveaux écrivains qui sont devenus arrogants et exigeants envers leurs éditeurs, parce qu'ils s'imaginaient être des génies. Leur premier livre leur est monté à la tête, et ils ont harcelé leur maison d'édition en se croyant tout permis comme des *prima donna*. Ces gens n'ont pas fait long feu dans la profession à cause de leur comportement aussi ingrat et fanatique, qu'abusif.

Si votre but premier est de penser que vous êtes une grande vedette, sans aucune considération envers un éditeur qui vous donnera votre première chance, vous ne percerez jamais dans ce milieu, car vous aurez mauvaise réputation. N'oubliez pas que les éditeurs se connaissent et se parlent. J'aime l'univers de l'écriture parce qu'il enseigne la *simplicité*. Il démontre aussi que l'on peut travailler sur notre susceptibilité, afin de l'adoucir.

Le contrat d'édition :

Dés qu'un éditeur sera intéressé par votre manuscrit, il vous fera signer un contrat. La production d'un livre chez un imprimeur coûte environ 5 000 $ à l'éditeur. *C'est lui qui paie tout de A à Z et qui prend tous les risques*. Le contrat qui vous lie à lui est une preuve de *bonne foi* de sa part. Le fait qu'il s'engage par contrat prouve que votre manuscrit l'intéresse et qu'il l'a apprécié. Un correcteur corrigera votre manuscrit avant qu'il ne soit imprimé.

N'acceptez *jamais* qu'un éditeur vous fasse *payer* votre livre. Un *vrai* éditeur est un passionné, un *découvreur* de talent, pas un imprimeur ni un requin. C'est l'éditeur qui réalisera le montage ainsi que la page couverture de votre livre et qui le distribuera dans les librairies. Vous obtiendrez aussi plusieurs exemplaires gratuits de votre livre. L'éditeur vous payera une séance chez un photographe pour votre photo d'auteur qui figurera sur la page couverture arrière de votre livre, mais il peut aussi vous demander de la fournir à vos frais.

Pour éviter de courir à droite et à gauche, soyez prévoyant et arrangez-vous pour qu'une personne de votre entourage prenne *plusieurs portraits* de vous en couleur (jamais de photos entières, juste votre visage ou votre buste). Ainsi, vous n'aurez pas à payer un photographe pour vos *photos d'auteur*. Un contrat d'édition sérieux offre un *service de presse*.

Le rôle de l'attaché de presse est de proposer un exemplaire de votre livre aux médias (critiques littéraires de journaux, de magazines, animateurs d'émissions radio et de télévision), et d'en assurer la promotion grâce à un communiqué de presse qui résume votre oeuvre. Pour que votre livre se vende, il faut que les lecteurs sachent qu'il existe grâce au service de presse. Du jour au lendemain, vous pouvez donc être invité à la radio, à la télévision, en entrevue pour un magazine ou un journal, afin de parler de votre livre. L'éditeur est libre de financer le *lancement* de votre livre ou non. Il s'agit d'une soirée dans un endroit public où vous présenterez votre livre au micro devant des journalistes invités et vos proches, seul ou en compagnie d'autres auteurs.

L'éditeur peut vous faire également participer à des *séances de signatures d'autographes* lors des *Salons du livre* ou bien dans des librairies. Une séance de signature est une récompense pour un écrivain, car elle lui permet de rencontrer ses lecteurs. Cela consiste à être assis à une table avec vos livres, seul ou avec d'autres auteurs de votre maison d'édition.

J'ai eu le privilège de dédicacer, au Salon du livre de Montréal, des exemplaires de *Cauchemar d'amour* à des gens adorables qui s'étaient spécialement déplacés de Drummondville, Magog, Rimouski et Québec. Je vous avoue que cela m'avait fait tout un velours sur mon cœur, parce que je ne m'attendais pas du tout à cette marque de fidélité, de gentillesse et d'affection. Je me souviens d'avoir passé des moments inoubliables avec ces gentilles personnes.

Rien n'est plus fascinant que de savoir comment un manuscrit se métamorphose en livre. On peut comparer ce processus à un accouchement, car la venue au monde d'un livre est aussi excitante que la naissance d'un premier bébé, ardemment désiré par des parents impatients de toucher et cajoler le fruit de leur passion ! Les éditeurs font un travail fantastique chaque année pour faire découvrir de nouveaux talents, car ils paient tout de leur poche. Bien sûr, ils sont souvent aidés par des subventions, mais il faut aussi *savoir rendre à César ce qui appartient à César*, car ils prennent des risques en misant sur la publication de manuscrits. Un livre est comparable à un film ou une chanson. Personne ne peut prédire s'il sera un grand succès ou pas. C'est le public qui décide.

Chapitre 15

PEUT-ON VIVRE DE SES ÉCRITS ?

« *Un grand écrivain se remarque au nombre de pages qu'il ne publie pas.* »
STÉPHANE MALLARMÉ

Oui, bien sûr, si vous écrivez un best-seller traduit en plusieurs langues. mais il ne faut pas rêver en couleurs. Sachez que la plupart des écrivains ont un autre métier qui leur permet de se sécuriser pour se livrer à leur passion. car le succès d'un livre n'est pas toujours évident. Il y a beaucoup d'auteurs et de moins en moins de lecteurs. *Certains cours* d'écriture par correspondance certifient que vous serez remboursé si vous n'êtes pas édité ou si vous ne gagnez pas votre vie avec votre plume. Comment des gens *sérieux* peuvent-ils faire ce genre de promesse ? Depuis quand des gens possèdent-ils des boules de cristal pour y lire l'avenir des autres ?

La récompense la plus payante d'un auteur publié est que son œuvre soit adaptée au *cinéma* ou à la *télévision*. Si votre livre retient l'attention d'un producteur, celui-ci prendra une *option*, une sorte de contrat exclusif stipulant qu'il effectuera les *démarches nécessaires* pour que votre oeuvre soit adaptée à la télévision ou au cinéma. Vous toucherez entre 1 000 $ et 2 000 $ d'acompte. Cela peut prendre plusieurs années avant que le projet ne se concrétise. Cela a pris deux ans avant que mon livre *Cauchemar d'amour* sorte en télé-série.

Pourquoi ? Parce qu'adapter un livre *coûte très cher*. Il faut que des scénaristes le transforment, pour que le producteur le présente à des gens qualifiés de l'univers télévisuel afin d'obtenir les fonds nécessaires à sa réalisation. C'est-à-dire se faire financer. Un livre adapté à la télévision ou au cinéma implique de grosses sommes d'argent : payer un réalisateur, les comédiens ou acteurs, ainsi que tout le personnel indispensable à la réalisation du projet. Il s'agit de plusieurs milliers de dollars. Ensuite, quand le projet est accepté, vous touchez un *chèque* lors du premier coup de manivelle du tournage. Cela varie entre 30 000 $ et 50 000 $. Cependant, sachez que ce n'est pas le rôle de votre éditeur de procéder aux *démarches* envers les producteurs. Ce sont deux univers différents : celui des mots, et celui des images. C'est à vous d'effectuer les démarches auprès des producteurs. Comment ? En faisant comme moi. En cherchant le producteur qui produit des télé-séries ou des films s'apparentant au sujet abordé dans votre livre. Il vous suffit d'être attentif aux séries et films, de consulter avec attention les *génériques* afin de trouver le nom des producteurs. En vous référant au chapitre 17, vous trouverez facilement leurs adresses et numéros de téléphone pour leur proposer votre livre.

Les droits dérivés :

Lorsqu'un livre est adapté à la télévision ou au cinéma, l'auteur donne un certain pourcentage à l'éditeur, ce qui est normal, puisque celui-ci a assumé le risque financier.

Vous protéger dès le début vous évitera certains désagréments

Si vous êtes imaginatif, vous pouvez aussi devenir *rédacteur à la pige*. Cela signifie que vous écrivez des *articles*, des *entrevues* ou des *chroniques* sur des sujets d'actualité que vous pouvez proposer à des *magazines* et des *journaux*. Vous serez payé environ 200$. Mais encore là, la concurrence est féroce. Il vous faudra vous faire remarquer en faisant preuve d'originalité. Vous pouvez louer votre plume pour rédiger des *brochures publicitaires*. Tout cela implique évidemment que vous devrez vous adapter et vous conformer aux besoins de la personne qui sera intéressée par votre travail et vos idées. Pour boucler leur fin de mois, certains écrivains, pour assurer leur subsistance, rédigent même des *menus de restaurant*. C'est vous dire à quel point le métier d'écrivain est imprévisible et instable.

Vous pouvez *louer* votre plume en écrivant des *biographies*. C'est ce que l'on appelle un travail sur commande, en passant des annonces destinées à proposer vos services. En dehors de mes 14 livres, j'ai écrit plus d'une dizaine de biographies. Devenir biographe est la discipline littéraire la plus exigeante. Pourquoi ? Parce que pour être un bon biographe, il faut revivre avec sensibilité ce que les gens vous confient. Il fait aussi avoir une carapace car souvent, il s'agit d'histoires très dures : viol, inceste, maladie grave.

Certaines de mes biographies ont redonné le goût de vivre à des gens, là où des psychologues avaient échoué... Des personnes ont même pleuré dans mes bras.

Si vous êtes doué pour écrire des dialogues, vous pouvez devenir *scénariste* pour la télé, le cinéma ou bien écrire des *pièces de théâtre*. La *radio* est, je trouve, un domaine souvent inexploré par les écrivains en herbe. Où sont passés les conteurs d'antan ? Il existe de *nombreuses possibilités* à la radio pour ceux qui ont la plume aussi alerte que la langue. La *radio* est un puissant média pour acquérir de l'assurance en étant *entendu et non vu*. Peut-être que cela explique malheureusement aussi des abus chez des animateurs qui ne réalisent pas l'impact de leurs mots derrière un micro.

Chapitre 16

Trajectoires d'écrivains

« *On avance toujours plus vers l'avenir, lorsque l'on se réfère au passé.* »
NADÈGE DEVAUX

Des écrivains mondialement connus ont commencé simplement comme vous et moi, en croyant à leurs projets d'écriture avec foi et détermination. Ils ont prouvé que partis de rien, ils étaient capables d'écrire des best-sellers traduits dans plusieurs langues et adaptés au cinéma et à la télévision. Avant de vous parler de cinq d'entre eux, Marie Higgins Clark, Stephen King, Jackie Collins, Marc Levy et J.K. Rowlling, permettez-moi de vous raconter mon cheminement personnel en toute humilité.

Mon parcours littéraire est beaucoup plus ordinaire que le leur, mais il a permis à la Québécoise inconnue que j'étais d'avoir l'honneur de voir un de ses 14 livres adapté à la *télévision*. Ce livre est devenu une populaire série : *Cauchemar d'Amour*, avec pour vedettes Marina Orsini et Pierre Brassard. En début de carrière, lorsque j'ai terminé ma collection de cinq livres sur les races de chats, je désirais écrire plusieurs romans sur des sujets très variés, car je suis curieuse de nature et je m'intéresse à *tout*. Un éditeur m'avait prévenu que je prenais de gros risques en osant expérimenter plusieurs disciplines littéraires au lieu de m'en tenir au créneau des animaux qui m'avait fait connaître. Il prétendait que cela ne se faisait pas, et qu'aucun éditeur ne prendrait le risque de me publier.

Bref, il m'avait démoralisée en me faisant comprendre clairement que j'allais me faire ridiculiser, car aucun éditeur ne trouverait crédible qu'une auteure de guides pratiques se lance dans les romans. J'avais d'ailleurs trouvé ce raisonnement assez *snob*. Je refusais d'être étiquetée et rabaissée comme « écrivaine de guides pratiques », et m'entêtais à suivre mon instinct créateur. Lorsque j'ai terminé *Cauchemar d''amour*, mon premier roman, je l'ai soumis à plusieurs éditeurs et j'ai essuyé des refus polis. Cela me frustrait beaucoup car je croyais en mon manuscrit.

J'ai donc continué de faire le tour des éditeurs et on refusa mon texte 24 fois ! Quelle amère déception ! J'avais tellement mis d'énergie dans ce roman d'actualité où je mettais en scène une femme et un homme blasés par les réseaux de rencontre ! J'ai failli tout laisser tomber en me disant que si personne ne voulait éditer mon livre, c'est qu'il était raté et mauvais. Pourtant mon instinct me disait de ne pas renoncer. Mais que faire ?

Un jour de déprime, une idée me traversa l'esprit. Je pris mes économies pour m'éditer à compte d'auteur. J'ai tout fait moi-même, mais cela n'a pas fonctionné. Je me suis retrouvée fauchée, perdue, sans appui, avec des caisses de livres dont aucun libraire ne voulait. Au bout de six mois, j'ai failli renoncer. Et puis, un soir, alors que je regardais la télévision, une idée folle m'envahit. Et si je proposais mon livre à des producteurs de télévision ? Je n'avais rien à perdre. Mais comment les trouver ? J'ai regardé les jours suivants les différentes séries télévisées, et ai consulté leurs génériques pour noter qui les produisaient. J'ai remarqué en particulier le nom de Match TV, spécialisé dans l'humour, puis j'ai trouvé le nom des producteurs et leur adresse. Fébrile, je leur ai posté un exemplaire de mon livre, accompagné d'une lettre de présentation.

Une semaine plus tard, j'ai reçu un appel téléphonique de Philippe Dussault, un des producteurs de Match TV, qui me dit qu'il avait beaucoup ri en lisant *Cauchemar d'amour*, et me proposa un rendez-vous à ses bureaux. Inutile de vous dire à quel point j'étais excitée par cette chance inespérée.

C'est ainsi que débuta cette merveilleuse aventure avec des gens qui croyaient en mon manuscrit. Je n'oublierai jamais Philippe Dussault, qui m'a donné ma première chance en investissant des sommes énormes sur *Cauchemar d'amour*. Tout ceci pour vous dire que *tout est possible* lorsque l'on y croit. Comme par magie, les éditeurs qui avaient boudé mon manuscrit me proposèrent de l'éditer. Il se retrouva enfin dans toutes les librairies, et fit même l'objet de plusieurs articles dans les journaux, les magazines et entrevues à la télévision et à la radio.

J'ai écrit aussi une vingtaine d'articles et de chroniques dans différents magazines, des scénarios, des chansons ; en plus d'être romancière et journaliste, je suis devenue également biographe, car la vie des gens me passionne. Je n'ai jamais regretté d'avoir suivi jusqu'au bout mes idées, puisque depuis cette époque, tous mes livres ont été publiés chez différents éditeurs. Il s'agit d'un roman historique, de deux romans d'aventure, d'un roman sentimental, de deux romans humoristiques, de deux biographies ainsi que d'un guide pratique concernant l'homéopathie pour les animaux, en plus de mes cinq livres sur les chats.

Marc Levy, auteur sympathique et modeste mondialement apprécié, a travaillé de longues années pour la Croix-Rouge. Il a quitté la France pour les États-Unis et a fondé deux sociétés spécialisées dans l'image de synthèse qui n'ont pas eu le succès escompté. Il a dû recommencer à zéro en s'associant dans un cabinet d'architecture. Son premier roman, *Et si c'était vrai ?* est tiré d'une histoire qu'il avait inventée pour faire rêver son fils. Il est publié dans trente deux pays, et ses livres sont adaptés au cinéma. Ce père de famille est la gentillesse personnifiée et son succès ne lui est jamais monté à la tête car c'est un idéaliste passionné.

Mary Higgins Clark, une des reines du suspense, mérite amplement son succès. Ancienne hôtesse de l'air, secrétaire, elle devint veuve avec cinq enfants à nourrir. Cette mère de famille exceptionnelle, courageuse, fonceuse et exemplaire travailla avec acharnement en écrivant des nouvelles et des scénarios pour la radio. À quarante-sept ans, elle écrivit son premier roman à suspense sur sa table de cuisine, tôt le matin, en silence, pour ne pas réveiller ses enfants avant qu'ils ne partent pour l'école. Un éditeur fut fasciné et conquis par son roman, et c'est ainsi qu'elle commença une carrière prestigieuse d'écrivaine. Elle est aujourd'hui millionnaire. Son secret ? La terreur et le mal qui rôdent dans chacun de ses romans où sont personnifiés des gens ordinaires auxquels tout le monde peut s'identifier, et qui tiennent les lecteurs en haleine du début à la fin de ses livres.

Stephen King, un des maîtres de l'épouvante, n'a pas eu la vie facile. À l'âge de trois ans, son père, un marin imprévisible et instable, quitta le domicile familial en laissant comme unique souvenir sa collection de romans d'horreur. Cet héritage paternel quelque peu inusité marqua Stephen King au fer rouge, et lui donna envie d'écrire des romans d'épouvante. Ses premiers livres furent refusés par des éditeurs, et il fit quelques boulots mal payés pour survivre, avant de trouver un poste d'enseignant dans une école. En dehors de son travail, il n'arrêtait pas d'écrire, et ses manuscrits formaient des piles de feuilles. C'est son livre *Carrie*, mettant en scène une jeune fille aux pouvoirs surnaturels, qui rendit Stephen King célèbre quand il fut adapté au cinéma. Dès lors, son ascension fut fulgurante, et tous ses romans devinrent des best-sellers. Le petit garçon abandonné par son père prit ainsi une revanche bien méritée

J.K. Rowling, auteure de la merveilleuse saga d'Harry Potter, est une autre écrivaine brillante qui a été, elle aussi, au bout de ses rêves pour les concrétiser. À quel avenir peut-on aspirer lorsque l'on est monoparentale avec un enfant en bas âge, et que l'on gagne durement sa vie comme enseignante ? Elle a su relever ce défi avec panache, classe et brio, en se souhaitant une vie meilleure grâce à l'écriture. Elle écrivait tous les jours sans arrêt, même dans des cafés et autres endroits publics. Elle a prouvé que les contes de fée existent, car aujourd'hui elle est milliardaire et vit dans un palace. Pourtant, elle a toujours conservé sa fraîcheur en demeurant une femme attachante et discrète.

Jackie Collins, papesse du roman populaire et sœur de la célèbre actrice Joan Collins, n'a pas eu des débuts faciles. Expulsée de son école à quinze ans, elle n'avait aucune formation littéraire et apprit le métier d'écrivain seule. Elle a su trouver son créneau : celui de faire découvrir à ses lecteurs la vie trépidante, vénéneuse et scandaleuse des vedettes d'Hollywood. Tous les ingrédients d'un roman populaire y sont : amour, rivalités, jalousies, sexe, alcool, drogue, morts suspectes, complots, corruption et règlements de compte. Son originalité vient du fait que dans tous ses romans populaires elle met en scène des femmes qui possèdent une forte personnalité et qui ne se laissent pas manipuler par des hommes. Jackie Collins apprit l'écriture en sortant dans les endroits à la mode, en espionnant des conversations et en les notant afin de trouver les sujets de ses livres, qui sont devenus des best-sellers adaptés au cinéma et la télévision.

La censure littéraire :

Elle a longtemps existé et existe encore lorsque certains ouvrages sont jugés diffamatoires, discriminatoires, vulgaires ou racistes. Saviez-vous que *Notre-Dame de Paris* et *Les Misérables* de Victor Hugo ont été censurés jusqu'en 1959 ? Quand Baudelaire fut censuré à son tour avec *Les fleurs du mal*, Victor Hugo le consola avec humour noir en lui disant : « Vous venez de recevoir une des plus rares décorations que le système actuel puisse accorder. »

Il existait à Paris, un endroit de la Bibliothèque nationale nommé l'Enfer où étaient enfermés les livres condamnés. Il existe aussi d'autres formes de censure, comme le cas retentissant de Salman Rushdie. En 1989, ses *Versets sataniques*, qui contenaient des propos irrévérencieux sur le prophète Mahomet, fit l'objet d'une « fatwa », vengeance islamique et Salman Rushdie fut menacé de mort.

Chapitre 17

LIVRES CONSEILLÉS ET ADRESSES INDISPENSABLES

Vous trouverez ces livres ou vous pourrez les commander dans toute bonne librairie :

- Dictionnaire des proverbes
- Dictionnaire des synonymes

UN LIVRE PASSIONNANT POUR MIEUX VOUS CONNAÎTRE :

Remuez vos méninges ! de Philip Carter et Ken Russell,
Éditions Hurtubise, http://www.hurtubisehmh.com

OÙ TROUVER UNE ÉCRITOIRE OU COUSSIN DE LECTURE ?

Boutique L'art des artisans du Québec
Complexe Desjardins
Montréal
(514) 288-5379

Vous pouvez vous procurer gratuitement *Le répertoire des prix littéraires au Québec* au Ministère de la Culture et des Communications :
(418) 380-2363 poste 7223

Ce répertoire est un petit bijou qui décrit tous les concours littéraires de notre belle province ainsi que les coordonnées des organisateurs.

Pour acheter *l'Annuaire de l'édition au Québec et au Canada français* :
LIVRE D'ICI (514) 933-8033

Cet annuaire coûte une cinquantaine de dollars, et il donne les adresses de tous les éditeurs. Vous pouvez aussi l'emprunter à la bibliothèque de votre ville.

Vous pouvez également avoir gratuitement les coordonnées des éditeurs sur le site Internet de *L'Association nationale des éditeurs de livres (ANEL)* :
http://www.anel.qc.ca

En cliquant sur l'onglet « répertoire des membres » vous trouverez les adresses des éditeurs.

Pour acheter *le Guide qui fait quoi ?* (514) 842-5333
e-mail : qfq@qfq.com

Ce guide donne les coordonnées des producteurs de télévision, de cinéma et de théâtre.

Pour trouver des éditeurs français et étrangers :

Bureau international de l'édition française (BIEF)
http://www.bief.org

Union des écrivaines et écrivains québécois :

http://www.uneq.qc.ca
(514) 849-8540 ou 1-888-849-8540

ADRESSES UTILES

Pour protéger votre manuscrit :

LA SARTEC

1229, rue Panet
Montréal (Québec) H2L 2Y6
(514) 526-9196

Il vous coûtera une quinzaine de dollars pour enregistrer votre œuvre.

Ou

BUREAU DU DROIT D'AUTEUR

Consommation et Affaires commerciales Canada
50, rue Victoria, Place du Portage, Phase 1
Zone 5, 5e étage
Hull (Québec) K1A 0C9
(819) 997-1725

Les frais s'élèvent à une trentaine de dollars.

POUR CONNAÎTRE LES NOUVELLES RÈGLES D'ORTHOGRAPHE :

http://www.orthographe-recommandee.info

http://www.granddictionnaire.com

POUR CONJUGUER CONVENABLEMENT :

http://www.leconjugueur.com

Citations :

http://www.abnihilo.com

Origines des expressions :

http://www.alyon.org/litterature/regles/origine_des_expressions.html

Proverbes et citations :

http://www.proverbes-citations.com

Chapitre 18

SOLUTIONS DE VOS EXERCICES D'ÉCRITURE

Exercices du chapitre 3

VOICI COMMENT LE TEXTE DOIT ÊTRE RÉDIGÉ EN EMPLOYANT ET EN ACCORDANT LE « JE » :

« Le loup se détacha de l'homme et se dirigea lentement vers les corps sans vie de ses congénères. Il s'assit devant la dépouille de sa louve et se mit à hurler, le museau pointant vers le ciel. Son cri était un gémissement interminable et déchirant. Plus de vingt-cinq ans après la guerre du Vietnam, je vivais un second cauchemar. J'avais enfoui au plus profond de mon âme le souvenir de mes deux compagnons empalés devant mes yeux dans un piège tendu par les Viêt-cong. J'avais été le seul survivant, et jamais je n'avais pu extérioriser la souffrance que j'avais dû supporter. Je rejoignis Oumiak et m'agenouillai près de lui. Côte à côte, nous nous mîmes à hurler pendant des heures, unis par la même douleur pour l'éternité, et nos cris de révolte s'élevèrent jusqu'aux étoiles. »

VOICI COMMENT LE TEXTE DOIT ÊTRE RÉDIGÉ EN EMPLOYANT ET EN ACCORDANT LE « ELLE » :

« Elle trouve que ces jeunes gens bien élevés sont d'une délicatesse inouïe. Qu'ils sont un exemple pour la société. À leurs mimiques explicites, elle comprend qu'ils veulent lui serrer la main en gage d'amitié. Profondément bouleversée par tant d'amabilité, elle baisse sa vitre pour les remercier chaleureusement, puis elle glisse spontanément des bonbons à la menthe dans leurs mains tendues. Elle lit de la stupeur dans leurs yeux. Elle s'en rend compte et, déçue, elle leur demande : Vous préférez les caramels ? Ils n'ont pas le temps de répondre. Le feu vient de passer au vert et elles doivent impérativement redémarrer. Dans le rétroviseur, à sa grande surprise, elle s'aperçoit avec attendrissement qu'ils leur font d'émouvants gestes d'adieu en brandissant avec insistance le majeur de leur main droite vers le ciel.»

Voici comment le texte doit être rédigé en employant et en accordant le « il » :

« Il adore son fils mais, avec Améthyste, il s'évade et expérimente à sa grande surprise la responsabilité d'avoir une sorte de fille virtuelle. Dans un sens, cette jeune inconnue le réunifie avec la vie, et ses sentiments envers elle ne sont que strictement paternels. Ce surprenant mélange d'ange et de démon est parvenu à l'émouvoir, lui, le dur à cuire, parce qu'il comprend sa descente aux enfers. Dans l'ombre, il veille sur Améthyste, bien qu'il sache qu'il lui tape souvent sur les nerfs avec ses conseils de vieux con qui radote. »

Voici les onze indices qui évoquent la mer et une destination exotique :

« Je choisis une tenue printanière et un grand chapeau de paille afin de charmer mon beau loup de mer. Je m'imagine déjà, cheveux au vent, dans les bras de mon bien-aimé qui m'enlèvera sur son majestueux voilier. Il m'emmènera sur une île lointaine où il m'aimera passionnément. Là, mon beau Tarzan bombera son torse velu et construira la hutte en bambou qui abritera notre amour. Pendant ce temps, revêtue d'un pagne, les seins à l'air, accompagnée de mon léopard apprivoisé, j'irai cueillir des ananas. Ensuite, mon beau Robinson pêchera du poisson dans le lagon. »

Modifiez les phrases suivantes avec des mots plus recherchés :

1. Linda eut très peur

   Linda *éprouva une peur intense.*

2. Le bandit se précipita sur la vieille femme.

   Le bandit se *rua* sur la *dame âgée.*

3. Il lui dit qu'il l'aimait.
   Il lui *déclara son amour*.

4. Chloé énervait beaucoup Luc.
   Chloé *exaspérait* Luc.

5. Le client s'assit à une table.
   Le client *s'attabla*.

6. Le camion rentra violemment dans le mur.
   Le camion *percuta* le mur.

7. Son mari la prit tendrement dans ses bras.
   Son mari *l'enlaça* tendrement.

8. Ce matin-là, le soleil brillait.
   Ce matin-là, le soleil *scintillait de mille feux*.

9. Elle cueillit des bouquets de fleurs de toutes les couleurs.
   Elle cueillit des *gerbes* de fleurs *multicolores*.

10. Je comprends pourquoi je dois faire ces exercices.

    Je *réalise le but* de ces exercices.

Faites travailler votre imagination et utilisez les six mots suivants pour rédiger un court texte :

Avion, île, vacances, repos, plage et livre.

« Dans l'avion qui me mène vers l'île où je vais passer mes vacances, je pense à ce repos bien mérité sur la plage, avec un bon livre. »

Devinette du chapitre 9

Pourquoi je ne parle qu'au masculin ?

Je ne vous cache pas que même en étant une femme, la féminisation abusive me tape prodigieusement sur les nerfs. Bien que je sois une écrivaine, je fais partie avant tout des *écrivains*. Si en plus, il fallait se battre au pluriel, après avoir combattu entre le féminin et le masculin ! Les rares fois où j'ai féminisé, c'était pour l'homogénéité et l'accord du texte. Pour moi, employer le masculin, c'est simplement ne pas faire de différence, parce que dans mon esprit, il symbolise les deux sexes et l'être humain en général, en littérature. Sinon, on ne sortirait pas de l'auberge : imaginez un auteur qui s'excuse à chaque page pour ne froisser personne en se livrant à la paranoïa.

Bibliographie de Nadège Devaux

L'ABC de l'écrivain, guide pratique d'écriture
(Éditions du Cram, Montréal, 2006)

Sur la piste des Touareg
(Arion éditeur, Québec, 2005)

Délivrance, voyage au bout de l'enfer
(Éditions Publistar, Montréal, 2005)

L'homéopathie au service des animaux
(Arion éditeur, Québec, 2005)

Cyberdrague
(Éditions du Cram, Montréal, 2002)

S.O.S. générations
(Éditions du Cram, Montréal, 2001)

Le crépuscule des braves
(Éditions des plaines, St-Boniface, Manitoba 2001)

Amarok, l'esprit des loups
(Éditions Porte-Bonheur, Montréal, 2001)

S.O.S. Amour
(Lanctôt / Shelton éditeurs, Montréal, 2000)

Cauchemar d'amour
(Éditions du Dragon, Longueuil, 1999)

Collection Nos amis les animaux (Le Jour, éditeur, Montréal)
Le chat de gouttière, (1996) *Le chat himalayen*, (1996)
Le chat siamois, (1995) *Le persan chinchilla*, (1995)
Les persans, (1994)

TABLE DES MATIÈRES

La première édition
du présent ouvrage
publié par
Les Éditions du Cram
a été achevée d'imprimer
au mois de mars 2006
sur les presses
des Imprimeries Transcontinental (Metrolitho)
à Sherbrooke (Québec)